とっさの接客フレーズブック

莫邦富事務所＆ジャパンタイムズ [編]

中国語
韓国語・英語

はじめに

　2009年7月1日から、中国人観光客に対して日本は個人ビザの発行に踏み切った。年収25万元以上という条件付きではあるが、大きな一歩を踏み出したと評価していいだろう。経済の低迷という事情もあって、日本各地で中国人観光客に対する期待が高まっている。地元経済を何とか振興させたいという切実な気持ちも伝わってくる。

　08年、日本を訪れた中国人観光客は100万人という大台を初めて超えた。2020年までにこれを600万人規模にしようと日本側は意気軒高に狙っている。

　しかし08年に海外旅行をした中国人は4600万人、香港を訪れた中国本土の観光客は1680万人。日本には46人に1人しか来ていないことになる。日本が定めた20年の受け入れ目標も、08年香港を訪問した中国本土の観光客数とは一桁違う。そこにさらに、韓国、そして世界からの観光客を加えると、ビジネスの規模はいっそう大きくなる。

　日本は、日本人観光客を海外に送り出す時代から、海外の観光客を日本に吸い寄せる時代へと変わっていく。そこで意識の転換が求められる。いかに外国人観光客の立場にたって受け入れ態勢を完全なものにするか。それが観光立国をめざす日本の将来を左右する大きな課題だ。

　本書は、外国人観光客に日本での観光を楽しんでもらえるようにと考案されたものである。観光ビジネスの第一線で働く多くの方々を、言葉の分野で少しでも支えることができたらうれしい。

莫邦富事務所
莫　邦富

目次

はじめに ……………………………………………………………… 3
本書の構成と活用法 …………………………………………… 6

中国人旅行者についての基礎知識 ……………………………… 10
韓国人旅行者についての基礎知識 ……………………………… 13
訪日客の多い欧米各国の基礎知識 ……………………………… 15

中国語の基礎知識 ………………………………………………… 16
韓国語の基礎知識 ………………………………………………… 18

基本表現	これだけは！ フレーズ ………………………………	20
	覚えておくと便利なフレーズ ………………………	23
	関連単語 ………………………………………………	26
	数字のジェスチャー …………………………………	27
	数字の読み方 …………………………………………	28
ショッピング	簡単フレーズ …………………………………………	30
	指さしフレーズ ………………………………………	32
	案内表示 ………………………………………………	33
	関連単語 ………………………………………………	38
支払い	簡単フレーズ …………………………………………	50
	指さしフレーズ ………………………………………	51
	案内表示 ………………………………………………	52
	関連単語 ………………………………………………	53
食事	簡単フレーズ …………………………………………	54
	指さしフレーズ ………………………………………	56
	案内表示 ………………………………………………	59
	関連単語 ………………………………………………	62
宿泊(館内)	簡単フレーズ …………………………………………	72
	指さしフレーズ ………………………………………	74
	案内表示 ………………………………………………	75
	関連単語 ………………………………………………	78

宿泊(客室)	簡単フレーズ	82
	指さしフレーズ	83
	案内表示	85
	関連単語	93
宿泊(トイレ)	案内表示	96
	関連単語	98
温泉・大浴場	案内表示	100
	関連単語	102
トラブル	簡単フレーズ	104
	指さしフレーズ	105
	関連単語	106

● ミニコラム

知っておきたい海外事情
　　敬称について ………………………………………………………… 25
　　中国人観光客の必需品、銀聯カード ………………………………… 37
　　中国の連休 …………………………………………………………… 49
　　中国人の縁起かつぎ①　〜数字と色〜 ……………………………… 81
　　中国人の縁起かつぎ②　〜贈り物〜 ………………………………… 104

外国人旅行者がよく使うフレーズ
　　おいくらですか？ …………………………………………………… 51
　　これは何ですか？ …………………………………………………… 58
　　〜はどこですか？ …………………………………………………… 110

● 巻末付録
　-案内表示・注意書き
　-特別付録「タクシーカード」
　-浴衣の着方、和式トイレの使い方
　-温泉（大浴場）のご利用案内

本書の構成と活用法

　本書は、外国人旅行者に日々応対されているサービス業の方々に役立つフレーズ集として企画されました。商店や温泉旅館などの接客現場で必要なフレーズを厳選し、言葉がわからなくてもコミュニケーションがとれるようにすることを目的としています。近年急増している中華圏からの旅行者をメインに、そのほか韓国語や英語を話す旅行者にも対応できるよう、3言語表記にして利便性を高めました。

■おもてなしのためには、まず基礎知識から
　はじめに、国民性などの違いによって起こるトラブルを防ぐため、各国旅行者についての基礎知識をまとめました。韓国や欧米諸国からは個人旅行者が多いのに対し、中国人旅行者はなぜほとんどが団体なのか――などについては知っておきたいものです。続いて、中国語と韓国語というふたつの言語について簡単に説明しています。本書は語学書ではありませんので文法解説は省きましたが、中国語として使われる漢字には2種類あることや、韓国語のハングル表記の仕組みなど、ざっと頭にいれておくとよいでしょう。

■場面別のフレーズを使いこなすヒント
　「基本表現」では、「いらっしゃいませ」「ありがとうございます」といった、すべての接客の場面で必須となる基本的なフレーズをピックアップしました。どれも短いものばかりですので、おもてなしの気持ちを表すためにも、ぜひ使ってみてください。声に出すことを前提に、この章にはすべて読み仮名をつけました。

　それ以外の「ショッピング」「支払い」「食事」といったシーンは、それぞれ「簡単フレーズ」「指さしフレーズ」「案内表示」「関連単語」で構成されています。

　壁などに掲示して使う「案内表示」は、特定の言語を先頭に持ってくると、その言葉を母語とする人々が名指しで注意されているような印象を持ってしまう可能性があります。そこで、より共通性の高い英語を日本語の次、その下に中国語と韓国語を表示するようにしました。「関連単語」の掲載順も案内表示と揃えています。

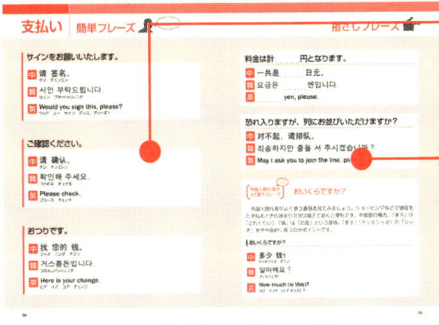

簡単フレーズ：比較的短くて覚えやすいフレーズを集めました。読み仮名がついていますので、声に出して使ってみましょう。

指さしフレーズ：接客の場面で必要性の高いフレーズです。必要に応じて、旅行者の方々に指でさししめしてお使いください。

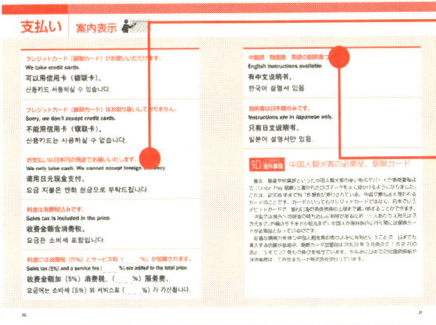

案内表示：お客様向けの注意書きや案内表示です。そのまま書き写したり、コピーするなどしてお使いください。

日本語に「中国語／韓国語／英語」などとスラッシュがある場合は、各言語の訳にはその言語名だけが入っています（たとえば、英語訳なら「英語」だけが入っています）。

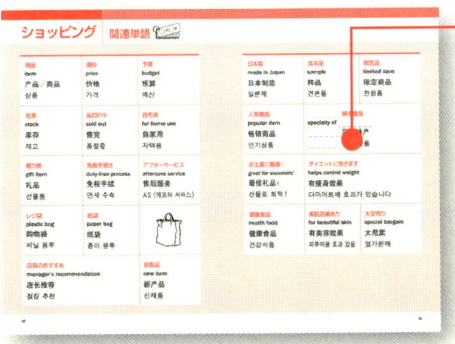

関連単語：各シーンに関連のある単語集です。書き写してもよいですし、指でさししめしたり、逆に相手に指でさしてもらうこともできます。

本書の構成と活用法

■巻末付録の使い方もいろいろ

　各シーンで紹介した案内表示や注意書きのうち、重要なものを巻末にまとめました。そのまま切り取って、壁に貼るなどしてお使いください。本文の中国語は中国本土で使われている簡体字ですが、ここでは台湾や香港で使用されている繁体字も併記しました。

　また、なかなか言葉だけでは説明しにくい「浴衣の着方」「和式トイレの使い方」「温泉（大浴場）のご利用案内」にはイラストを入れました。切り取って貼ったり、コピーを配布するなどしてお使いください。

　特別付録として「～までお願いします」と印刷された、タクシー運転手に見せるためのカードもつけました。切り取って使うことができますので、タクシーでどこかに行きたいと希望される外国人の旅行者がいらした場合に、旅館や商店の皆さんが目的地を日本語で記入して渡してあげると喜ばれるでしょう。

ご協力いただいた方々

本書の企画・製作にあたっては、たくさんの方にご協力をいただきました。この場を借りて御礼を申し上げます。

※敬称略、順不同

日本政府観光局（JNTO）
　事業本部海外プロモーション部アジアグループ（中国担当）　　葉丸　裕
　企画本部企画部経営企画グループ（広報担当）　　　　　　　　伊藤　亮
台東区文化観光部にぎわい誘客課　　櫻井　洋二
浅草観光連盟　　　　　　　　　　　辻　信之
浅草仲見世 評判堂　　　　　　　　 冨士　滋美
山梨県観光部国際交流課　　　　　　窪田　克一
石和温泉旅館協同組合　　　　　　　池田政伽津

カバーデザイン：足立　友幸（VOLTAGE）
カバーイラスト：いなばゆみ
本文デザイン：(有) ディーイーピー
本文イラスト：宇田川のり子
DTP組版：倉敷印刷（株）、(有) ディーイーピー

韓国語翻訳・校閲／韓国関連の原稿執筆：李　承禧
英語翻訳：西口久美子
英文校閲：Joel Patrick Rian
協力：IWC NEW ZEALAND Ltd.

中国人旅行者についての基礎知識

中国からの訪日客が100万人を突破

　2008年、観光庁が設立され、海外からの観光客を誘致する動きが本格的になってきました。そんななか、外国人訪日客は約835万人にのぼり、5年連続で過去最高を更新。その内訳は、1位韓国（28.5%）、2位台湾（16.6%）、3位中国（12.0%）、4位アメリカ（9.2%）、5位香港（6.6%）、とアジアからの旅行者が多勢を占めています。

　特に、金融危機の影響で他国の訪日客は減少傾向であったにもかかわらず、中国本土からの訪日客は前年と比べて6.2%増の100万人の大台を初めて突破。日本各地の観光地で、中国人の団体ツアーに遭遇することも、ごく日常的な光景となってきました。

訪日客の多い中華圏の3エリア

　外国人訪日客の内訳の上位5位に「台湾、中国、香港」とあるように、同じ中華圏であってもいくつかのエリアに分かれ、それぞれに特徴があります。中国本土のことは中国と略して表現し、台湾と、特別行政区である香港・マカオは含めないのが一般的です。

	中国本土	香港	台湾
正式名称	中華人民共和国	中華人民共和国香港特別行政区	中華民国
首都	北京	―	台北
人口	約13億人	約700万人	約2300万人
使用言語	標準中国語	標準中国語、広東語、英語	標準中国語、福建語、客家語
使用漢字	簡体字	繁体字	繁体字
通貨	人民元	香港ドル	新台湾ドル

香港は1842年の南京条約などによって清から英国に割譲されて植民地となり、1997年に中華人民共和国に返還された後は高度な自治権を持つ特別行政区となっています。

　台湾は、中国国内での内戦に敗れた国民党が1949年に中華民国の政府機能を移し、それ以来実効的な支配が続いている地域です。

　訪日旅行の傾向としては、香港は2004年から、台湾は2005年から、90日以内の短期滞在ビザが免除となり、それによって個人旅行が増えたりリピーター化が進んでいます。春夏のバーゲン時期をめざしてやってきてショッピングを存分に楽しむ香港人や、日本人顔負けの知識で通好みの温泉めぐりを楽しむ台湾人、といった話も耳にします。

中国人訪日客は団体ツアーが中心

　中国本土からの訪日客は香港や台湾などとは違って、団体のパッケージツアーが中心だという特徴があります。これはビザの制度と関係があります。

　日本で中国本土からの観光客受け入れが開始されたのは2000年です。まずは、北京市、上海市、広東省の住民に対して団体観光ビザが発給されるようになりました。そしてその後、2005年に中国全域で団体観光ビザが解禁されました。

　この団体観光ビザは、①4名以上の団体であること、②日本側と中国側の旅行社から1名ずつ添乗員が同行すること、といった発給条件が付けられています。また、ツアーを扱うのは、取り扱い許可を受けた政府指定の旅行社であることが定められています。ツアー参加者から失踪者が出た場合は旅行社にペナルティーが科せられるため、旅行社側がツアー参加者に旅行代金とは別に、1人あたり5万元（約70万円）程度の保証金を求め、帰国時に返却することにしているケースがほとんどです。

目的は何といってもショッピング

　現在、団体ツアーで日本を訪れている中国人というのは、6千元～1万元ほどのツアー代金に加えて5万元の保証金を用意することのできる、かなり経

中国人旅行者についての基礎知識

済力のある人々です。観光先で見せるその旺盛な消費行動がニュースなどでたびたび話題となっています。

日本政府観光局（JNTO）の2007年の調査によると、中国人訪日客の訪日動機の第1位はショッピングとのこと。銀座や秋葉原といった大きな繁華街でのショッピングを楽しみにされている方が多いようです。一度の訪日旅行でのお土産購入代が一人平均約8万円、と国別では中国が1位というデータも出ています。

2005年に中国全域で団体観光ビザが解禁となってからまだ日が浅いことから、初めての訪日という観光客が大半を占めます。初めてということで、東京、大阪、横浜、京都など、とにかく名の知れた有名な観光地を一週間ほどでまわれるだけまわる「ゴールデンルート」と呼ばれるルートが主流です。

中国人観光客というと、列に並ばない、声が大きい、などといった公衆マナーの悪さを指摘する声もあります。中国で海外への団体観光旅行が解禁されたのは1997年と最近のことであり、まだまだ海外旅行に慣れていない人が多いというのが現状です。これからスマートな旅行マナーを身に付けていくことを期待しつつ、おもてなしする側としてはおおらかに接したいものです。

そして2009年7月から個人観光ビザ解禁

2009年の7月より、いよいよ個人観光ビザが解禁となりました。最初の一年間は試行期間として北京、上海、広州の三地域を対象に実施し、その後は中国全域に拡大されます。

この個人観光ビザは、年収が25万元（約350万円）以上の富裕層を対象としたもの。団体観光ビザでは義務付けられていた添乗員の同行がいらなくなり、より自由度の高い旅行が可能となります。これまでのゴールデンルートに加え、週末を利用した2泊3日、3泊4日程度のバリエーションに富んだ旅行が企画され、リピーターの大幅増が期待されています。

訪日した中国人客が2008年には100万人を突破した、と先に書きましたが、同年香港を訪れた中国人観光客は1680万人。まだまだ底しれぬ潜在力があることは確かだといえるでしょう。

韓国人旅行者についての基礎知識

短期滞在のビザ免除で訪日客が増加

　2006年に200万人を突破した韓国からの訪日客ですが、2008年はウォン安などの影響から、前年比でマイナスとなりました。それでもJNTOの調査によると、国別の訪日客数では約238万人で韓国が断トツの1位。すでに述べたように、この数字は全訪日客数の28.5%を占め、16.6%で2位に位置する台湾の約139万人を大きく上回っています。韓国人の訪日の目的では、観光が79%と圧倒的に多く、商用が15%、ほかに留学、研修、外交・公用などが6%となっています。

正式名称	大韓民国
首都	ソウル
人口	約4800万人
使用言語	韓国語
通貨	ウォン

　韓国からの訪日客が急増したのは、2006年3月から、滞在期間が短期（90日間）の観光・商用目的のビザが免除されるようになったことが大きいと考えられます。より自由に日本へ来ることができるようになった結果、旅行者数も増えたというわけです。これに先立つ2004年には、韓国からの訪日修学旅行生に対してもビザが免除されています。

　日韓のビザについては、これまで段階的に緩和措置がとられてきました。その経緯は下記をご覧ください。

日韓のビザ免除に関する措置

	日本への入国	韓国への入国
1993.8〜	観光目的に限り15日間の滞在はビザを免除	観光目的に限り30日間の滞在はビザを免除
2002.1〜6	ワールドカップ期間中、90日間の滞在はビザを免除（1月から実施）	
2005.3〜9 〜2006.2	愛知万博期間中、90日間の滞在はビザを免除。この制度は翌年2月まで延長	韓日友好事業の一環として、ビザ免除の期間を30日から90日に延長
2006.3〜	観光と商用目的に限り恒久的に90日間の滞在はビザを免除	

韓国人旅行者についての基礎知識

団体ツアーより個人旅行が主流

　韓国からの訪日客は、スケジュールを自由に変更しながら自分が行きたいところに行く個人旅行が多く、団体ツアーは少数です。多くの旅行者が、事前に航空券とホテルだけを予約して、目的に合わせて電車や地下鉄などで移動しています。こうした旅行スタイルは、欧米の訪日客とほとんど変わりません。特に東京近郊は交通機関が発達しているため、安くて便利な一日乗り放題のパスなどを上手に利用しているようです。

地理的に近い九州も人気

　一番人気は東京で、エリアとしては渋谷、原宿、銀座、秋葉原、お台場などです。関西地方では大阪をはじめ、京都、奈良などの古都、また、九州や北海道なども人気があります。福岡の場合は、高速フェリーを利用すれば、釜山から博多まで3時間程度という気軽さが受けています。

　旅の目的としては、若い世代ではショッピングが中心。日本限定のブランド品や、韓国には輸入されていない商品を買うために訪日する人もいます。キャラクターショップも人気です。30～40代になると夫婦や家族単位で観光や温泉を楽しんでいます。関東ではディズニーランドや箱根の温泉、韓国に近い九州では別府温泉のほか、阿蘇ファームランドや長崎ハウステンボスといったテーマパークに足を運ぶ人が多いようです。また、韓国ではゴルフ場が不足していることから、訪日ゴルフツアーに参加する人も増えています。

情報収集はインターネットで

　韓国国内では日本に関するガイドブックも出版されていますが、インターネットでほとんどの情報が集められます。韓国のインターネット普及率は高く、訪日旅行の経験者が写真つきで情報を載せているサイトもたくさんあるので、観光地への行き方、ホテルや食事の値段まで細かく調べることができます。このようなことも個人旅行者が多い理由と思われます。

　事前に情報を集めるのは韓国人にとって当たり前のこと。それだけ旅の経験値が上がり、満足度の高い旅をめざす人も増えたということでしょう。

訪日客の多い欧米各国の基礎知識

　最後に、訪日客の多い欧米諸国について簡単にご紹介しましょう。JNTOによると、2008年、アジア圏以外で最も訪日客の多かった国はアメリカで、次にオーストラリア、英国などが続きます。

正式名称	アメリカ合衆国
首都	ワシントンD.C.
人口	約3億人
使用言語	英語
通貨	アメリカ・ドル

正式名称	オーストラリア連邦
首都	キャンベラ
人口	約2100万人
使用言語	英語
通貨	オーストラリア・ドル

正式名称	英国（グレートブリテン及び北アイルランド連合王国）
首都	ロンドン
人口	約6100万人
使用言語	英語
通貨	スターリング・ポンド

正式名称	フランス共和国
首都	パリ
人口	約6200万人
使用言語	フランス語
通貨	ユーロ

中国語の基礎知識

■中国語とは

　中国は国土が広いため、土地ごとの方言にも大きな差異があります。また、人口の大多数を占める漢族のほかに、50あまりの少数民族で構成されている多民族国家で、それぞれの民族も固有の言葉を持っています。

　ですから、出身地の異なる人間が、互いにお国言葉で話をするとまったく通じないという事態が起こります。

　これでは意思の疎通が図れず、経済や文化などの交流面で支障が出てしまいますので、中華人民共和国成立後、「普通話」と呼ばれる標準語の普及が進められました。これは北京方言を土台とした言葉で、一般に「中国語」と呼ばれるのは、この標準語のことです。

　この標準語は、台湾や香港のほか、シンガポールや世界中の華僑社会でもコミュニケーションツールとして使われています。

■漢字は1種類ではない

　中国語は漢字を使った言葉、というイメージをたいていの日本人が持っていることと思いますが、現在、中国語で使われている漢字には2種類あります。

　ひとつは「簡体字」と呼ばれるもので、中国本土で用いられています。これは、1949年に中華人民共和国が成立した後、共産党政府が国民の識字率を上げるため、少しでも読みやすく書きやすくしようと、60年代に簡略化した漢字を制定したものです。簡略化される前の画数の多い複雑な漢字のほうは「繁体字」と呼ばれ、こちらは台湾や香港で現在でも使用されています。

　また、日本で現在使われている漢字は、日本で独自に簡略化されたもの（新字体）です。よって、それぞれに共通する漢字もあるものの、簡体字、繁体字、日本の漢字と3種類の漢字が存在することになります。

日本語	簡体字	繁体字
団	团	團
労	劳	勞
発	发	發
読	读	讀

こうして並べてみるとかなり違いがあることがわかります。中国の方に向けた案内表示は、簡体字と繁体字を併記するのが一番丁寧ですが、読む程度であればどちらでも OK という人が多いので、どちらか一方を示せばまず大丈夫でしょう（本書では、巻末付録を除き、中国語の表記には簡体字を使っています）。

■同じ漢字でも意味が違うことも

　日本で使われている漢字も、字形は違いますが中国人はある程度読めばわかります。日本語と中国語には共通の語彙も多いので、筆談することで簡単なコミュニケーションがとれることは、皆さんもご存じでしょう。

　ただし、漢字による語彙がすべて日中共通というわけにはいきません。同じ漢字を使っていても意味がまるで違う場合もある、ということを心にとめておくといいでしょう。たとえば中国語で「手紙」といったらトイレットペーパーのことを指します。ほかには次のようなものがあります。

中国語（日本の漢字）	→	意味
汤（湯）	→	スープ
野菜（野菜）	→	山菜
猪肉（猪肉）	→	豚肉
鲇（鮎）	→	なまず
新闻（新聞）	→	ニュース
东西（東西）	→	物
汽车（汽車）	→	自動車
爱人（愛人）	→	配偶者

韓国語の基礎知識

■韓国語とは

韓国語は朝鮮半島にある大韓民国（韓国）と朝鮮民主主義人民共和国（北朝鮮）で話されている言語です。そのほかにも中国、アメリカ、日本、ロシアなどに住む韓国系、朝鮮系の人々の間で使用されています。調査年度にもよりますが、数千あるともいわれる世界の言語のなかで、韓国語の使用人口は約7千万人にのぼり、世界言語の12番目に数えられることもあります。

■ハングルは表音文字

韓国語を表記するのに用いる文字を「ハングル」と言いますが、これは日本語の「ひらがな」や「カタカナ」のような文字の名称です。ハングルは15世紀ごろ、誰もが読み書きできるようにと、朝鮮王朝第4代世宗（セジョン）大王が学者たちを集めて議論を重ね、『訓民正音』（民を教える正しい文字）という名の書物で公布されました。その後20世紀の初めごろから「ハングル」（偉大な文字）と呼ばれるようになりました。

ハングルは表音文字で、基本となる母音字が10個、子音字が14個あります。この子音は唇、舌、歯などの発音器官を、また母音は東洋哲学の天（・）、地（一）、人（丨）をかたどってつくられています。

ハングルの組み合わせの基本は、「子音＋母音」あるいは「子音＋母音＋子音」の2種類です。文字の仕組みを理解するために、アルファベットとカタカナを当てはめて示してみましょう。

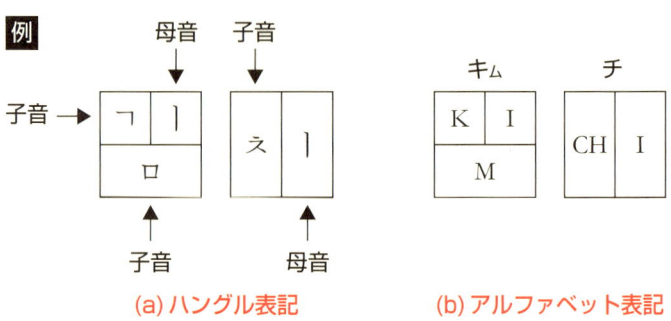

(a) ハングル表記　　(b) アルファベット表記

■韓国語の主な特徴

①日本語の文法と非常によく似ていて、語順も一部の例外を除いてほとんど同じです。

例

  チョヌン キムチ ルル   モㇰ スㇺニ ダ
  저 는 김치 를   먹 습니다.

  私 は キムチ を 食べ ます。

②日本語の大和言葉(やまとことば)に相当する固有語と、漢語にあたる漢字語、また外来語があります。漢字語の多くは、日本語と意味は同じで発音だけが韓国語読みになっているため、読み方から意味を推測できるものも多数あります。

③日本語と同じように尊敬語、丁寧語、くだけた表現があります。本書の韓国語訳は日本語に対応させているので、尊敬語と丁寧語の表現になります。

④韓国語の表記は現在ほとんどハングルだけですが、新聞や学術論文、また人名や地名の表記で漢字が使用されることがあります。ただし、学校で漢字教育がなされなかった世代もあります。

⑤ハングルは横書きが主流となっていますが、縦書きも可能です。書き方としては単語間を離して書く「分かち書き」をします。

基本表現 | これだけは! フレーズ

いらっしゃいませ。

中 欢迎 光临。
ホワンイン グアンリン

韓 어서오세요.
オソオセヨ

英 Welcome.
ウェルカム

こんにちは。

中 您好。
ニンハオ

韓 안녕하세요.
アンニョンハセヨ

英 Hello.
ハロー

さようなら。

中 再见。
ザイジエン

韓 안녕히 가세요.（その場に残る人が立ち去る人に対して）
アンニョンヒ カセヨ

　　안녕히 계세요.（その場を立ち去る人が残る人に対して）
アンニョンヒ ケセヨ

英 Good-bye.
グッドバイ

あいさつなどの基本的な表現を集めました。旅先で、ひとことふたことでも自分の国の言葉で話しかけられると親しみがわくものです。

ありがとうございます。

中 谢谢。
シエシエ

韓 감사합니다.
カムサハムニダ

英 Thank you very much.
サンキュー　ベリー　マッチ

申し訳ございません。

中 对不起。
ドゥイブチー

韓 죄송합니다.
チェソンハムニダ

英 I'm very sorry.
アイム　ベリー　ソーリー

少々お待ちください。

中 请 稍等。
チン　シャオダン

韓 잠시만 기다려 주세요.
チャムシマン　キダリョ　チュセヨ

英 Please wait a moment.
プリーズ　ウェイト　ア　モーメント

またのお越しを。

中 欢迎 再来。
ホワンイン ザイライ

韓 또 오세요.
ト オセヨ

英 Please come again.
プリーズ カム アゲイン

あります。

中 有。
ヨウ

韓 있어요.
イッソヨ

英 Yes, we have it.
イエス、ウィ ハブ イット

ありません。

中 没有。
メイヨウ

韓 없어요.
オプソヨ

英 No, we don't have it.
ノー、ウィ ドント ハブ イット

覚えておくと便利なフレーズ｜基本表現

お気をつけて。

中 慢走！
マンゾウ

韓 조심해서 가세요.
チョシメソ　カセヨ

英 Please take care.
プリーズ　テイク　ケア

お名前は？

中 您 叫 什么 名字？
ニン　ジャオ　シェンマ　ミンズ？

韓 성함이 어떻게 되세요?
ソンハミ　オットケ　トウェセヨ？

英 May I have your name?
メイ　アイ　ハブ　ユア　ネーム？

こちらに書いてください。

中 请 写 一下。
チン　シエ　イーシア

韓 이쪽에 써 주세요.
イチョゲ　ソ　チュセヨ

英 Please write here.
プリーズ　ライト　ヒア

もう一度言ってください。

中 请 再 说 一遍。
チン　ザイ　シュオ　イービエン

韓 다시 한 번 말해 주세요.
タシ　ハンボン　マルヘ　チュセヨ

英 Pardon me?
パードン　ミー？

指でさしてください。

中 请 指 一下。
チン ジー イーシア

韓 손으로 짚어 주세요.
ソヌロ チポ チュセヨ

英 Please point.
プリーズ ポイント

よろしいですか？

中 可以 吗？
カーイー マ？

韓 괜찮으시겠습니까？
ケンチャヌシゲッスムニカ？

英 OK?
オーケー？

問題ありません。

中 没 问题。
メイ ウェンティー

韓 괜찮습니다.
ケンチャンスムニダ

英 No problem.
ノー プロブレム

中国／韓国／アメリカの方ですか？

中 您 是 中国人 吗？
ニン シー ジョングオレン マ？

韓 한국 분이세요?
ハングッ プニセヨ？

英 Are you from the United States?
アー ユー フロム ジ ユナイテッド ステイツ？

英語（日本語）が話せますか？

中 您会说英语（日语）吗？
ニン ホイ シュオ インユィ（リーユィ） マ？

韓 영어 (일본어)를 할 줄 아세요?
ヨンオ（イルボノ） ルル ハルチュラセヨ？

英 Can you speak English (Japanese)?
キャン ユー スピーク イングリッシュ（ジャパニーズ）？

中国語／韓国語／英語はできません。

中 我不会说汉语。
ウォー ブーホイ シュオ ハンユィ

韓 한국어는 못해요.
ハングゴヌン モテヨ

英 No, I can't speak English.
ノー、アイ キャント スピーク イングリッシュ

知っておきたい海外事情　敬称について

　日本語では老若男女問わず、呼びかけには「～さん」を使いますが、中国語では相手によって使い分けが必要です。男性に対しては姓の後ろに「先生（シエンション）」、若い女性には「小姐（シャオジエ）」、年配の女性には「女士（ニュィシー）」を使うのが一般的です。慣例では、初対面で年齢や結婚の有無がわからない女性の場合には「小姐」を使うことが多いようです。
　韓国語では男女とも「～さん」を意味する「씨（シ）」をフルネームか名前のあとにつけます。一般的に姓のみにはつけません。英語では、男性には「Mr.（ミスター）」、女性には既婚・未婚にかかわらず「Ms.（ミズ）」を使えばよいでしょう。

基本表現 | 関連単語

これ	それ（あれ）	どれ
这个 ジョーゴ 이것 이고ッ This ディス	那个 ナーゴ 그것 (저것) クゴッ (チョゴッ) That ザット	哪个 ナーゴ 어느 것 オヌゴッ Which フィッチ
私 我 ウォー 저 チョ I (Me) アイ (ミー)	あなた 你／您 ニー／ニン 당신 * タンシン You ユー	彼（彼女） 他（她） ター 그 (그녀)* ク (クニョ) He (She) ヒー (シー)
はい 是／对 シー／ドゥイ 네 ネ Yes イエス	いいえ 不是／不对 ブーシー／ブードゥイ 아니요 アニヨ No ノー	*韓国では「あなた」、「彼（彼女）」という表現は限られた場面でしか使いません。たとえば「당신(タンシン)」は通常、夫婦の間で呼びかけとして使用します。
日本人 日本 人 リーベン レン 일본 사람 イルボン サラム Japanese ジャパニーズ	中国人 中国 人 ジョングオ レン 중국 사람 チュングク サラム Chinese チャイニーズ	台湾人 台湾 人 タイワン レン 대만 사람 テマン サラム Taiwanese タイワニーズ
香港人 香港 人 シャンガン レン 홍콩 사람 ホンコン サラム Hong Kongese ホンコニーズ	韓国人 韩国 人 ハングオ レン 한국 사람 ハングク サラム Korean コリアン	● 欧米の国籍の言い方 アメリカ人　American 　　　　　　アメリカン オーストラリア人　Australian 　　　　　　オーストラリアン 英国人　British 　　　　ブリティッシュ フランス人　French 　　　　　　フレンチ

数字のジェスチャー

「2名です」「3個です」といった具合に数を相手に伝える場合、よく指を使って数字を表しますが、中国式のジェスチャーだと、6以上の数字は日本式とだいぶ形が違うので注意が必要です。「10」はイラストのようなやり方のほかに、「5」のジェスチャーをして手の平と甲を交互に相手に見せるやり方もあります。

韓国の場合は、6以上は片手でイラストの「5」のジェスチャーをし、もう片方の手で日本式の1～4の形をつくって両手で表します。一方、アメリカなどでは、握った手を親指から人差し指、中指…と開いていく数え方をします。「6」を表す場合には、「5」のジェスチャーに親指の「1」を足す形になります。

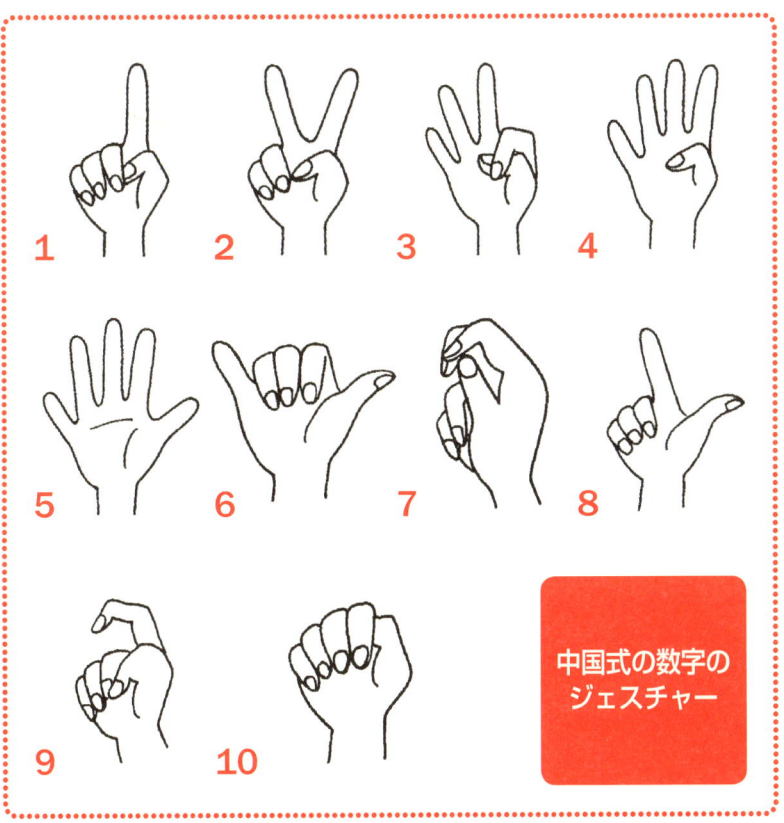

中国式の数字のジェスチャー

基本表現 | 数字の読み方

　中国語の数字の読み方で日本語と違うのは、「2」を表わす言葉がふたつあるところです。「いち、に、さん」と数字を読み上げる場合は「二（アー）」を使い、ものや人やお金を数える場合には「両（リャン）」を使います。ただし、数字が2桁の場合は「十二」「二十」などと「二」を使います。
　韓国語では、ゼロを表す「공（コン）」は、電話番号などに使われます。

0	零 リン	영 / 공 ヨン／コン	zero ゼロ
1	一 イー	일 イル	one ワン
2	二（両） アー（リャン）	이 イ	two ツー
3	三 サン	삼 サム	three スリー
4	四 スー	사 サ	four フォー
5	五 ウー	오 オ	five ファイブ
6	六 リウ	육 ユク	six シックス
7	七 チー	칠 チル	seven セブン
8	八 バー	팔 パル	eight エイト
9	九 ジウ	구 ク	nine ナイン

10	十 シー	십 シㇷ゚	ten テン
20	二十 アーシー	이십 イシㇷ゚	twenty トウェンティ
30	三十 サンシー	삼십 サムシㇷ゚	thirty サーティ
40	四十 スーシー	사십 サシㇷ゚	forty フォーティ
50	五十 ウーシー	오십 オシㇷ゚	fifty フィフティ
60	六十 リウシー	육십 ユㇰシㇷ゚	sixty シックスティ
70	七十 チーシー	칠십 チルシㇷ゚	seventy セブンティ
80	八十 パーシー	팔십 パルシㇷ゚	eighty エイティ
90	九十 ジウシー	구십 クシㇷ゚	ninety ナインティ
100	一百 イーバイ	백 ペㇰ	one hundred ワン　ハンドレッド
1,000	一千 イーチエン	천 チョン	one thousand ワン　サウザンド
10,000	一万 イーワン	만 マン	ten thousand テン　サウザンド

ショッピング | 簡単フレーズ

何をお探しですか？

中 您 需要 什么 吗？
ニン シューヤオ シェンマ マ？

韓 뭘 찾으세요?
ムォル チャズセヨ？

英 Can I help you find something?
キャン アイ ヘルプ ユー ファインド サムシング？

安いですよ。

中 很 便宜 啊。
ヘン ピエンイー ア

韓 싸요.
サヨ

英 This is reasonably priced.
ディス イズ リーズナブリー プライスト

おいしいですよ。

中 味道 很 好。
ウェイダオ ヘン ハオ

韓 맛있어요.
マシッソヨ

英 This (It) is delicious.
ディス（イット） イズ デリーシャス

中国の方は値引き交渉好き。まとめ買いの場合には安くしたり、おまけをつける など、融通をきかせたちょっとした工夫が効果的です。

おひとつどうぞ。(試食)

中 请尝一尝。
チン チャン イー チャン

韓 하나 드세요.
ハナ トゥセヨ

英 Please try some.
プリーズ トライ サム

とてもお似合いですよ。

中 很合身。
ヘン ホーシェン

韓 아주 잘 어울려요.
アジュ チャル オウルリョヨ

英 It looks nice on you.
イット ルックス ナイス オン ユー

ラッピングいたしますか？

中 要包装吗?
ヤオ バオジョワン マ?

韓 포장해 드릴까요?
ポジャンヘ トゥリルカヨ?

英 Would you like it gift wrapped?
ウッド ユー ライク イット ギフト ラップト?

ショッピング | 指さしフレーズ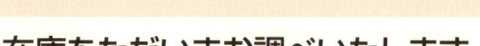

在庫をただいまお調べいたします。
- 中 我查一下有没有存货。
- 韓 재고를 지금 확인해 보겠습니다.
- 英 I will check if we have it.

あいにく当店では扱っておりません。
- 中 对不起，这儿不经营此类商品。
- 韓 죄송하지만 저희 가게에서는 취급하고 있지 않습니다.
- 英 Unfortunately, we don't have that in our store.

別々にお包みいたしましょうか？
- 中 要分别包装吗？
- 韓 따로따로 포장해 드릴까요?
- 英 Should I wrap these separately?

荷物をひとつにおまとめいたしましょうか？
- 中 把这些打成一个包吗？
- 韓 짐을 하나로 만들어 드릴까요?
- 英 Would you like me to put everything together in one bag?

案内表示

いらっしゃいませ。 Welcome. 欢迎光临！ 어서오세요.	**定休日　月曜日** Closed on Mondays 休假日　星期一 정기휴일 월요일

営業時間　　　　＿＿＿：＿＿＿～＿＿＿：＿＿＿
Business hours:　＿＿＿：＿＿＿～＿＿＿：＿＿＿
营业时间　　　　＿＿＿：＿＿＿～＿＿＿：＿＿＿
영업시간　　　　＿＿＿：＿＿＿～＿＿＿：＿＿＿

お静かに願います。 Quiet please. 请安静。 조용히 해 주세요.	**店内は禁煙です。** No smoking. 店内禁烟。 매장 내에서는 금연입니다.

店内でのご飲食はご遠慮ください。
Please do not eat or drink in the store.
请不要在店内餐饮。
매장 내에서 음식을 드시는 것은 삼가 주세요.

● 曜日の言い方

月曜日	火曜日	水曜日	木曜日	金曜日	土曜日	日曜日	祝日
Monday	Tuesday	Wednesday	Thursday	Friday	Saturday	Sunday	Holiday
星期一	星期二	星期三	星期四	星期五	星期六	星期天／星期日	节日
월요일	화요일	수요일	목요일	금요일	토요일	일요일	축일

店内での撮影はご遠慮ください。
No photography please.
请不要在店内摄影。
매장 안에서의 촬영은 삼가 바랍니다.

中国語／韓国語／英語のできるスタッフがおります。
English-speaking staff available.
有会讲汉语的工作人员。
한국어가 가능한 스텝이 있습니다.

当店では小銭への両替はいたしておりません。
We cannot make change.
本店不能兑换零钱。
저희 가게에서는 잔돈으로 바꿔 드리지 않습니다.

当店では値引きはいたしておりません。
We cannot offer discounts.
本店商品不打折扣。
저희 가게는 정찰제입니다.

不良品以外の返品・返金はいたしかねます。
No return or refund unless for defective items.
除次品外，售出商品一律不退货、不退款。
불량품 이외의 반품, 환불은 불가능합니다.

海外への配送も可能です。
We ship internationally.
可以直接运送海外。
해외 배송도 가능합니다.

海外配送はお取り扱いしておりません。
International shipping is not available.
不办理海外托运。
해외 배송은 취급하고 있지 않습니다.

免税手続きができます。	免税手続きはできません。
Available duty-free.	Not available duty-free.
可以办理免税手续。	不能办理免税手续。
면세 수속이 가능합니다.	면세 수속은 안 됩니다.

パッケージを開封しないようお願いします。
Please do not open packages.
请勿打开包装。
패키지를 개봉하지 마세요.

お手をふれないでください。	＿＿＿割引
Please do not touch.	(＿＿＿ ×10)% off
请勿触碰。	＿＿＿折扣
손대지 마세요.	＿＿＿할인

_____日以内にお召し上がりください。
Please consume within _____ day(s).
请在_____天以内食用。
_____일 내로 드세요.

ご自由にお持ちください。（試供品やパンフレットなど）
Please help yourself.
免费赠送。
필요하신 분 가져 가세요.

試着できます。	1個_____円です。
Fitting room available.	One for _____ yen.
可以试穿。	1个_____日元。
시착할 수 있습니다.	한 개에_____엔입니다.

お買い上げの方には_____をプレゼント！
Comes with a free _____!
赠送购物客人_____礼品！
구입하신 분께는_____를 선물로 증정！

_____個お買い上げの方には_____個サービス。
Buy _____ get _____ free.
买_____个送_____个。
_____개 구입하신 분께는_____개 서비스.

中国語／韓国語／英語の説明書つき。
English instructions available.
有中文说明书。
한국어 설명서 있음.

説明書は日本語のみです。
Instructions are in Japanese only.
只有日文说明书。
일본어 설명서만 있음.

知っておきたい海外事情　中国人観光客の必需品、銀聯（ぎんれん）カード

　最近、銀座や秋葉原といった中国人観光客の多い街のデパートや家電量販店で、「Union Pay 銀聯」と書かれたロゴマークをよく見かけるようになりました。これは、2008年末で約18億枚が発行されている、中国で最もよく使われるカードのことです。カードといってもクレジットカードではなく、日本でいうデビットカードで、銀行口座の預金残高の上限まで買い物することができます。

　中国では海外への現金の持ち出しに制限があるため（一人あたり人民元は2万元まで。外貨は5千米ドル相当まで）、中国人が海外旅行に行く際には銀聯カードが必需品となっているのです。

　旺盛な購買力を持つ中国人観光客の取り込みに有利ということで、日本でも導入する店舗が急増中。銀聯カード加盟店は2009年3月時点で1万2,700店と、3年で37倍もの伸びを見せています。ちなみに日本での加盟店開拓や決済業務は、三井住友カード株式会社が行っています。

ショッピング 関連単語

商品 item 产品／商品 상품	値段 price 价格 가격	予算 budget 预算 예산
在庫 stock 库存 재고	品切れ中 sold out 售完 품절중	自宅用 for home use 自家用 자택용
贈り物 gift item 礼品 선물용	免税手続き duty-free process 免税手续 면세 수속	アフターサービス aftercare service 售后服务 AS (에프터 서비스)
レジ袋 plastic bag 购物袋 비닐 봉투	紙袋 paper bag 纸袋 종이 봉투	
店長のおすすめ manager's recommendation 店长推荐 점장 추천		新製品 new item 新产品 신제품

日本製 made in Japan 日本制造 일본제	見本品 sample 样品 견본품	限定品 limited item 限定商品 한정품
人気商品 popular item 畅销商品 인기상품	_____県名産品 specialty of _____ _____县的特产 _____현 명산품	
お土産に最適！ great for souvenirs! 最佳礼品！ 선물로 최적！	ダイエットに効きます helps control weight 有瘦身效果 다이어트에 효과가 있습니다	
健康食品 health food 健康食品 건강식품	美肌効果あり for beautiful skin 有美容效果 피부미용 효과 있음	大安売り special bargain 大甩卖 염가판매

お土産（食べ物）≫	和菓子 Japanese sweets 日本点心 화과자	スナック菓子 snacks 小吃 스낵류
チョコレート chocolate 巧克力 초콜릿	キャンデー candy 糖 사탕	乾物 dried food 干菜 마른안주
干しあわび dried abalone 鲍鱼干 건조 전복	干し貝柱 dried scallops 干贝 건조 패주	海苔 dried seaweed 紫菜 김
日本酒 Japanese sake 日本酒 일본술	工芸品 ≫	浴衣 yukata 浴衣 유카타（浴衣）
扇子 Japanese folding fan 扇子 접는 부채	手ぬぐい washcloth 布手巾 손 닦는 수건	日本人形 Japanese doll 日本娃娃 일본인형

日本刀　　　　　　　　Japanese sword　　　　　　　日本刀　　　　　　　　일본도	雑貨・おもちゃ ≫	キーホルダー　　　　　　key holder　　　　　　　　钥匙圈　　　　　　　　열쇠고리
携帯ストラップ　　　　　cell phone strap　　　　　　手机挂饰　　　　　　　　핸드폰줄	絵葉書　　　　　　　　　postcard　　　　　　　　　美术明信片　　　　　　　그림 엽서	キャラクターグッズ　　　character goods　　　　　　造型商品　　　　　　　　캐릭터 상품
ハローキティ　　　　　　Hello Kitty　　　　　　　　凯蒂猫　　　　　　　　　헬로키티	ディズニー　　　　　　　Disney　　　　　　　　　　迪斯尼　　　　　　　　　디즈니	おもちゃ　　　　　　　　toy　　　　　　　　　　　　玩具　　　　　　　　　　장난감
ゲーム機　　　　　　　　game console　　　　　　　游戏机　　　　　　　　　게임기	ゲームソフト　　　　　　game software　　　　　　游戏软件　　　　　　　　게임 소프트	カメラ・時計・デジタル家電 ≫
デジタルカメラ　　　　　digital camera　　　　　　数码照相机　　　　　　　디지털카메라	デジタル一眼レフカメラ　　　　　　　　　　　　　　　　　　　　digital single-lens reflex camera　　　　　　　　　　　　　数码单反照相机　　　　　　　　　　　　　　　　　　　　　　DSLR（디지털 일안 반사식 카메라）	

ビデオカメラ video camera 摄像机 캠코더	ノートパソコン laptop computer 笔记本电脑 노트북	DVD プレーヤー DVD player DVD 播放器 DVD 플레이어
CD プレーヤー CD player CD 播放器 CD 플레이어	腕時計 watch 手表 손목시계	メーカー名 ≫
ソニー Sony 索尼 소니	パナソニック Panasonic 松下电器 파나소닉	東芝 Toshiba 东芝 도시바
キヤノン Canon 佳能 캐논	カシオ Casio 卡西欧 카시오	オリンパス Olympus 奥林巴斯 올림푸스
ニコン Nikon 尼康 니콘	コニカミノルタ Konica Minolta 柯尼卡美能达 코니카 미놀타	リコー Ricoh 理光 리코

富士フイルム Fujifilm 富士胶片 후지필름	ペンタックス Pentax 宾得 팬텍	シャープ Sharp 夏普 샤프
日立 Hitachi 日立 히타치	セイコー Seiko 精工 세이코	シチズン Citizen 西铁城 시티즌
洋服・ 服飾品 »	ブランド品 brand-name items 名牌 명품	アクセサリー accessories 服饰 액세서리
ハンドバッグ handbag 手提包 핸드백	ハンカチ handkerchief 手帕 손수건	靴 shoes 鞋 신발
婦人服 ladies' wear 女式服装 숙녀복	紳士服 men's wear 男式服装 신사복	子供服 children's wear 儿童服装 아동복

	バーバリー Burberry 巴宝莉 버버리	ルイヴィトン Louis Vuitton 路易威登 루이비통
ブランド名 ≫		

ティファニー Tiffany & Co. 蒂芙尼 티파니	グッチ Gucci 古驰 구찌	プラダ Prada 普拉达 프라다
エルメス Hermes 爱马仕 에르메스	シャネル Chanel 夏奈尔 샤넬	コーチ Coach 蔻驰 코치
フェラガモ Ferragamo 菲拉格慕 페라가모	ブルガリ Bulgari 宝格丽 불가리	**サイズ ≫**
Sサイズ S size 小号 S 사이즈	Mサイズ M size 中号 M 사이즈	Lサイズ L size 大号 L 사이즈

LL サイズ LL size 加大号 LL 사이즈	**色** »	**赤** red 红 빨간색
オレンジ orange 橘黄 오렌지색	**黄色** yellow 黄 노란색	**黄緑** yellow green 黄绿 황록색
緑 green 绿 녹색	**水色** light blue 淡蓝 옅은 푸른 색	**青** blue 蓝 파란색
紫 purple 紫 보라색	**ピンク** pink 粉红 분홍색	**ベージュ** beige 米色 베이지색
カーキ khaki 土黄 카키색	**茶色** brown 茶色 갈색	**黒** black 黑 검은색

灰色 gray 灰 회색	白 white 白 흰색	シルバー silver 银 은색
ゴールド gold 金 금색	**化粧品 »**	化粧水 beauty wash 化妆水 스킨
乳液 milky lotion 乳液 로션	美容液 beauty essence 美容液 미용액	パック facial mask 面膜 팩
化粧下地 makeup base 妆前霜／隔离霜 메이크업베이스	ファンデーション foundation 粉底霜 화운데이션	コンパクト compact 便携式化妆盒 콤팩트
口紅 lipstick 口红 립스틱	リップクリーム lip balm 防裂唇膏 립크림	グロス lip gloss 润蜜 립글로스

マスカラ mascara 睫毛膏 마스카라	アイライナー eyeliner 眼线笔／眼线液 아이라이너	アイシャドウ eye shadow 眼影 아이섀도
まゆずみ eyebrow makeup 眉黛 아이브로우	コンシーラー concealer 遮瑕膏 컨실러	チーク blush 腮红 볼터치 / 블러셔
マニキュア nail polish 指甲油 매니큐어	**メーカー名 »**	資生堂 Shiseido 资生堂 시세이도
カネボウ Kanebo 佳丽宝 가네보	コーセー Kosé 高丝 고세	花王 Kao 花王 가오
ファンケル Fancl FANCL（无添加） 판켈	SK-II SK-II SK-II SK-II	**薬など »**

胃腸薬 digestive medicine 肠胃药 위장약	風邪薬 cold medicine 感冒药 감기약	頭痛薬 headache medicine 头痛药 두통약
下痢止め anti-diarrheic 止泻药 지사제	便秘薬 laxative 便秘药 변비약	解熱剤 fever medicine 退热药 해열제
疲労回復薬 fatigue reliever 抗疲劳药 피로회복제	栄養ドリンク energy drink 健康饮料 영양드링크	粉ミルク baby formula 奶粉 분유
紙おむつ diapers 纸尿裤 기저귀	サプリメント ≫	ビタミン vitamins 维生素 비타민
カルシウム calcium 钙 칼슘	マグネシウム magnesium 镁 마그네슘	ベータカロチン beta-carotene β-胡萝卜素 베타카로틴

鉄分	コラーゲン	コエンザイム Q10
iron	collagen	Coenzyme Q10
铁	骨胶原	辅酶 Q10
철분	콜라겐	코엔자임 Q10

知っておきたい海外事情 中国の連休

　中国人旅行者の動きに関連する中国の祝日をご紹介しましょう。

　以前は5月の労働節を入れて大型連休が3回ありましたが、2008年に休日法が改正されて、現在、約7日間の大型連休となるのは春節と国慶節の2回です。また、春節や中秋節といった中国の伝統的な祝日は旧暦に基づくので、日にちが毎年変動します。

　連休となる中国の祝日は以下の通りです。

元旦	1月1日（3日間）
春節（旧正月）	旧暦1月1日（7日間）
清明節	春分から約15日後で、毎年4月4日または5日（3日間）
労働節（メーデー）	5月1日（3日間）
端午節	旧暦5月5日（3日間）
中秋節	旧暦8月15日（3日間）
国慶節（建国記念日）	10月1日（7日間）

支払い | 簡単フレーズ

サインをお願いいたします。

中 请 签名。
チン チエンミン

韓 사인 부탁드립니다.
サイン ブタクトゥリムニダ

英 Would you sign this, please?
ウッド ユー サイン ディス、プリーズ?

ご確認ください。

中 请 确认。
チン チュエレン

韓 확인해 주세요.
ファギネ チュセヨ

英 Please check.
プリーズ チェック

おつりです。

中 找 您的 钱。
ジャオ ニンダ チエン

韓 거스름돈입니다.
コスルムドンイムニダ

英 Here is your change.
ヒア イズ ユア チェンジ

指さしフレーズ

料金は計＿＿＿＿円となります。

- 中 一共是＿＿＿＿日元。
- 韓 요금은 ＿＿＿＿엔입니다.
- 英 ＿＿＿＿ yen, please.

恐れ入りますが、列にお並びいただけますか？

- 中 对不起，请排队。
- 韓 죄송하지만 줄을 서 주시겠습니까？
- 英 May I ask you to join the line, please?

外国人旅行者がよく使うフレーズ　おいくらですか？

外国人旅行者がよく使う表現を見てみましょう。ショッピングなどで値段をたずねるときの決まり文句は覚えておくと便利です。中国語の場合、「多少」は「どれくらい」、「钱」は「お金」という意味。「多少」（ドゥオシャオ）の「シャオ」をやや低めに言うのがポイントです。

おいくらですか？

- 中 多少 钱？
  ドゥオシャオ チエン？
- 韓 얼마예요？
  オルマイェヨ？
- 英 How much (is this)?
  ハウ マッチ（イズ ディス）？

支払い | 案内表示

クレジットカード（銀聯カード）がお使いいただけます。
We take credit cards.
可以用信用卡（银联卡）。
신용카드 사용하실 수 있습니다.

クレジットカード（銀聯カード）はお取り扱いしておりません。
Sorry, we don't accept credit cards.
不能用信用卡（银联卡）。
신용카드는 사용하실 수 없습니다.

お支払いは日本円の現金でお願いいたします。
We only take cash. We cannot accept foreign currency.
请用日元现金支付。
요금 지불은 엔화 현금으로 부탁드립니다.

料金は消費税込みです。
Sales tax is included in the price.
收费金额含消费税。
요금은 소비세 포함입니다.

料金には消費税（5%）とサービス料（＿＿＿％）が加算されます。
Sales tax (5%) and a service fee (＿＿＿%) are added to the total price.
收费金额加（5%）消费税、（＿＿＿%）服务费。
요금에는 소비세 (5%) 와 서비스료 (＿＿＿%) 가 가산됩니다.

関連単語

お金	おつり	領収書	現金
money	change	receipt	cash
钱	零钱	收据	现金
돈	거스름돈	영수증	현금

クレジットカード	一括払い	分割払い
credit card	pay in full	pay in installments
信用卡	一次付清	分期付款
신용카드	일시불	할부

ビザカード	マスターカード	ダイナースカード
VISA card	MasterCard	Diners Club card
威士卡	万事达卡	大来卡
비자카드	마스터카드	다이너스카드

アメリカン・エキスプレスカード	氏名	住所
American Express card	name	address
美国运通卡	姓名	住址
아메리칸・익스프레스카드	성명	주소

宿泊先	部屋番号	パスポート
accommodation	room number	passport
住宿	房间号码	护照
숙소	방 번호	여권

食事 | 簡単フレーズ

何名様ですか?

中 几位?
ジーウェイ?

韓 몇 분이세요?
ミョップニセヨ?

英 How many people?
ハウ メニイ ピープル?

おタバコは吸われますか?

中 抽烟 吗?
チョウイエン マ?

韓 담배 피우세요?
タムベ ピウセヨ?

英 Smoking or non-smoking?
スモーキング オア ノンスモーキング?

お待たせいたしました。

中 让 您 久等 了。
ラン ニン ジウダン ラ

韓 오래 기다리셨습니다.
オレ キダリショッスムニダ

英 Sorry to keep you waiting.
ソーリー トゥ キープ ユー ウェイティング

中国や欧米ではテーブルでの会計が一般的。ペンを持って何かを書くようなジェスチャーをした場合は「会計してほしい」という意味です。

ご注文はお決まりでしょうか。

中 要 点菜 吗？
ヤオ ディエンツァイ マ?

韓 주문하시겠습니까？
チュムン ハシゲッスムニカ?

英 May I take your order?
メイ アイ テイク ユア オーダー?

(こちらの料理は) お下げしてもよろしいですか？

中 可以 撤下 吗？
カーイー チョーシア マ?

韓 이 요리는 치워도 되겠습니까？
イ ヨリヌン チウォド トウェゲッスムニカ?

英 May I take this plate?
メイ アイ テイク ディス プレイト?

お会計ですか？

中 要 买单 吗？
ヤオ マイダン マ?

韓 계산해 드릴까요？
ケサネ トゥリルカヨ?

英 Would you like your check, sir (madam)?
ウッド ユー ライク ユア チェック、サー (マダム)?

食事　指さしフレーズ

＿＿＿時から開店いたします。

- 中 ＿＿＿点开门。
- 韓 ＿＿＿시부터 개점합니다.
- 英 We open at ＿＿＿ o'clock.

あと＿＿＿分ほどお待ちください。

- 中 请再等＿＿＿分钟。
- 韓 앞으로 ＿＿＿분 정도 기다려 주세요.
- 英 The wait will be approximately ＿＿＿ minutes.

あいにく満席です。

- 中 对不起，满座了。
- 韓 죄송하지만 만석입니다.
- 英 I'm sorry, all our tables are full.

ご注文は以上でよろしいでしょうか。

- 中 以上这些菜，可以吗？
- 韓 주문은 이상이십니까？
- 英 Will that be all?

ご注文の品はお揃いでしょうか。

中 菜都到齐了吧。
韓 주문하신 것은 다 나왔습니까?
英 Is that everything?

お口に合いますか？

中 合您的口味吗?
韓 입에 맞으세요?
英 Are you enjoying your meal?

すぐにお取り換えいたします。

中 马上就换。
韓 바로 바꿔 드리겠습니다.
英 We will replace it right away.

（その料理は）本日は売り切れてしまいました。

中 已售完。
韓 그 요리는 오늘은 다 나갔습니다.
英 I'm sorry, we are out of that dish today.

お飲み物はいかがなさいますか？

中 您要什么饮料？
韓 음료는 뭘로 하시겠습니까？
英 What would you like to drink?

会計はレジでお願いします。

中 请到收款处结账。
韓 계산은 계산대에서 부탁드립니다.
英 Please pay at the cash register.

（外国人旅行者がよく使うフレーズ）＝ これは何ですか？

　見たことがないものや、食べたことのない料理についてたずねるときによく使う「これは何ですか？」という質問の表現をご紹介しましょう。「什么」は「何」という意味の疑問を表す言葉です。「什么」（シェンマ）の「マ」を短く軽く言うのがポイントです。

これは何ですか？

中 这 是 什么？
ジョー　シー　シェンマ？

韓 이건 뭐예요？
イゴン　ムウォイェヨ？

英 What is this?
ホワット　イズ　ディス？

案内表示　食事

ランチ ___ : ___ ~ ___ : ___
Lunch: ___ : ___ ~ ___ : ___
午餐 ___ : ___ ~ ___ : ___
점심시간 ___ : ___ ~ ___ : ___

ディナー ___ : ___ ~ ___ : ___
Dinner: ___ : ___ ~ ___ : ___
晚餐 ___ : ___ ~ ___ : ___
저녁시간 ___ : ___ ~ ___ : ___

定休日　月曜日
Closed on Mondays
休假日　星期一
정기휴일　월요일

準備中
Closed
准备中
준비중

営業中
Open
营业中
영업중

ラストオーダー ___ : ___
Last order: ___ : ___
最后点菜时间 ___ : ___
마지막 주문 ___ : ___

全席禁煙
All tables are non-smoking.
全座禁烟
전석금연

禁煙席
Non-smoking table
禁烟席
금연석

喫煙席 Smoking table 抽烟席 흡연석	**ランチセット** Set lunch menu 中午套餐 런치세트
お子様ランチ Kids' meal 儿童套餐 어린이 세트	**バイキング** All-you-can-eat buffet 自助餐 뷔페

飲み放題
All-you-can-drink
畅饮
노미호다이 (일정 금액을 내고 마음껏 마시는 것)

おかわり自由 Bottomless 无限续杯 무제한 리필	**お一人様＿＿＿円** ＿＿＿yen per person 一个人＿＿＿日元 일인 요금 ＿＿＿엔
一皿＿＿＿個 ＿＿＿on a plate 一盘＿＿＿个 한 접시 ＿＿＿개	**当店おすすめ料理** Our recommendation 本店招牌菜 우리 가게 추천 요리

自家製 Homemade 自家制作 직접 만든 제품	**有機野菜** Organic vegetables 有机蔬菜 유기농 야채
時価 Market price 时价 시가	**産地直送（農産物など）** Fresh from the farm 产地直送 산지 직송

こちらで靴をお脱ぎください。
Please take off your shoes here.
请把鞋脱在这里。
이쪽에서 신발을 벗어 주세요.

食品のお持込みはご遠慮ください。
Please do not bring in food.
不可携带食品入内。
음식물 반입은 삼가 바랍니다.

ご注文が決まりましたら、このボタンを押してください。
Press this button to order.
点菜时，请按电钮。
주문하실 때는 이 버튼을 눌러 주세요.

食事 関連単語

メニュー menu 菜单 메뉴	はし chopsticks 筷子 젓가락	スプーン spoon 汤匙 숟가락	フォーク fork 叉子 포크
ナイフ knife 餐刀 나이프	お皿 plate 盘子 접시	お椀 bowl 碗 (밥, 국 등을 담는) 그릇	
グラス glass 玻璃杯 컵	肉料理 meat dish 肉类 고기요리	魚料理 fish dish 鱼类 생선요리	野菜料理 vegetable dish 蔬菜类 야채요리
ごはん・麺 rice, noodles 饭，面食 밥, 면	デザート dessert 甜点 디저트	フルーツ fruits 水果 과일	
お酒のおつまみ snacks to go with alcoholic beverage 下酒菜 술안주		和食 Japanese cuisine 日餐 일식	洋食 Western cuisine 西餐 양식

中華料理 Chinese cuisine 中餐 중화요리	創作料理 original cuisine 创作料理 창작요리	朝食 breakfast 早餐 아침 식사	昼食 lunch 午餐 점심 식사
夕食 dinner 晚餐 저녁 식사	カウンター席 counter seats 柜台席 카운터석	テーブル席 table seats 餐桌席 테이블석	個室 private room 包房 개인실
相席 shared table 拼桌 합석	勘定書き check 账单 계산서	おつり change 找零钱 거스름돈	領収書 receipt 收据 영수증
現金 cash 现金 현금	クレジットカード credit card 信用卡 신용카드	飲み物》	緑茶 green tea 绿茶 녹차
ウーロン茶 oolong tea 乌龙茶 우롱차	紅茶 English tea 红茶 홍차	コーヒー coffee 咖啡 커피	ジュース juice 果汁 주스

日本酒 Japanese sake 日本酒 일본술	焼酎 shochu (distilled liquor) 烧酒 소주		ビール beer 啤酒 맥주
ワイン wine 葡萄酒 와인	ウイスキー whiskey 威士忌 위스키	水 water 水 물	お湯 hot water 白开水 뜨거운 물
アイス（冷たい飲みもの） cold drinks 冰（冷饮料） 아이스（찬 음료）		ホット（温かい飲みもの） hot drinks 热（热饮料） 핫（따뜻한 음료）	
和食メニュー》	寿司 sushi 寿司 스시（생선 초밥）		刺身 sashimi 生鱼片 회
天ぷら tempura (deep-fried seafood and vegetables) 天麸罗 튀김			ラーメン ramen 切面 라면

すき焼き
sukiyaki (sliced beef and vegetables cooked in an iron pan)

寿喜烧

스키야키 (간장 , 미림 , 설탕을 섞은 양념에 얇게 썬 쇠고기 , 두부 , 야채 등을 익혀가면서 먹는 요리)

しゃぶしゃぶ
shabu-shabu (one-pot dish with sliced meat and vegetables cooked in boiling broth)

涮火锅

샤부샤부 (다시마 등으로 우려낸 국물에 얇게 썬 고기나 야채 등을 살짝 데쳐서 소스에 찍어 먹는 요리)

うどん
udon noodles (thick wheat noodles)

乌冬面

우동

そば
soba noodles

荞麦面

소바 (메밀국수)

とんかつ
deep-fried pork cutlet

炸猪排

돈가스 (포크커틀릿)

焼き鳥
yakitori (barbecued chicken)
烤鸡肉串
야키토리 (닭고기 또는 야채의 꼬치구이)

お好み焼き
okonomiyaki (meat/fish and vegetable pancake)
杂样煎菜饼
오코노미야키 (일본식 부침개)

たこ焼き
takoyaki (octopus dumpling balls)
章鱼小丸子
다코야키 (밀가루 반죽에 낙지를 넣고 동그랗게 구운 것)

うなぎ unagi (broiled eel) 鳗鱼 장어	**味噌汁** miso soup 大酱汤 미소시루 (일본식 된장국)

会席料理
formal Japanese-style course meal
会席料理
가이세키 요리 (각종 요리를 차례로 내는 일본 고급 요리)

懐石料理 (茶懐石)
tea ceremony dishes
怀石料理
가이세키 요리 (차 마시는 모임에서 차를 권하기 전에 내는 간단한 음식)

鍋物
nabe (one-pot dish cooked at the table)
火锅
나베모노 (생선이나 고기, 채소 등을 넣고 끓이는 일본식 전골 요리)

丼もの
donburi (bowl of rice with various toppings)
盖浇饭
돈부리 음식 (덮밥 음식) 밥 위에 얹어지는 재료에 따라서 이름이 달라진다

幕の内弁当
makunouchi bento (lunchbox with rice balls and a variety of side dishes)
幕之内盒饭
마쿠노우치 도시락 (조림, 튀김, 구이, 야채 절임 등 여러 종류의 반찬으로 구성된 도시락)

寿司ネタ》	あじ horse mackerel 鯵鱼 전갱이	あなご conger eel 星鳗 붕장어	ぶり yellowtail 鰤鱼 방어
ひらめ flounder 比目鱼 넙치 / 광어	いわし sardines 沙丁鱼 정어리	かつお bonito 鲣鱼 가다랑어	かんぱち amberjack 红甘 잿방어
こはだ gizzard shad 斑鰶鱼 전어	さば mackerel 青花鱼 고등어	さんま saury 秋刀鱼 꽁치	たい sea bream 鲷鱼 도미

郵 便 は が き

108-8790

513

料金受取人払郵便

高輪支店
承認

0269

差出有効期間
平成22年12月
31日まで
〈切手不要〉

〈受取人〉
東京都港区高輪局区内
　芝浦4－5－4
㈱ジャパンタイムズ
出版局愛読者係 行

お名前（ふりがな）			ご職業
	男・女	歳	
ご住所　〒			
Eメールアドレス			
本書をお買上げになった書店名（サイト名）			

※プライバシーポリシー：お客様の個人情報は当社において適切に管理し、1)メールマガジンによる新刊及び既刊のご案内、2)書籍目録のご送付、3)アンケートの実施、4)当社で扱う書籍以外の製品(新聞など)のご案内に利用させていただきます。

愛 読 者 は が き

お買い上げ、ありがとうございました。今後の出版活動の参考にさせていただきますので、ご記入の上、ご投函くださいますようお願い申し上げます。なお、お客様の氏名、住所、メールアドレスなど特定の個人を識別できる情報は、当社において適切に管理いたします。

■ご購入された本のタイトル

■本書をお知りになったきっかけ (複数回答可)

- □ 書店で見て　　□ 新聞・雑誌広告 (紙・誌名　　　　　　　　　　　　　　　　)
- □ 新聞・雑誌の紹介記事 (紙・誌名　　　　　　　　　　)　□ 人にすすめられて
- □ ウェブサイト (サイト名　　　　　　　　　　　　　　　　　　　　　　　)
- □ Eメール (メールマガジン名　　　　　　　　　　　　　　　　　　　　　)
- □ その他 (　　　　　　　　　　　　　　　　　　　　　　　　　　　　　)

■本書をお求めになった動機 (複数回答可)

- □ タイトルがよかった　　□ 著者のファンだから　　□ テーマがよかった
- □ 前書きがよかった　　□ 表紙デザインがよかった　　□ 本文デザインがよかった
- □ 価格　　□ 書店のPOPがよかった　　□ ランキングを見て
- □ その他 (　　　　　　　　　　　　　　)

■本書についてのご意見・ご感想をお書きください。

■語学の資格をお持ちですか？

- □ はい (資格名　　　　　　　　　　　　　　　　)
- □ いいえ

■Eメールによる出版案内の配信を希望されますか？

- □ 要　　□ 不要

■お寄せいただいたご意見・ご感想を広告等、書籍のPRに使用してもよろしいですか？

- □ 実名で可　　□ 匿名で可　　□ 不可

サーモン salmon 三文鱼 연어	まぐろ tuna 金枪鱼 참치	大トロ otoro tuna (fatty tuna belly) 金枪鱼顶级鱼腩 오도로 (참치 뱃살)	
中トロ chutoro tuna (medium-fatty tuna) 金枪鱼一级鱼腩 추도로 (참치 옆구리살)		赤身 akami (lean part of tuna) 金枪鱼背肉 아카미 (참치 속살)	
あわび abalone 鲍鱼 전복	ほたて scallop 扇贝 가리비	赤貝 ark shell 蚶子 피조개	エビ shrimp 虾 새우
シャコ squilla 虾蛄 갯가재	イクラ salmon roe 渍鲑鱼子 연어알	カニ crab 蟹 꽃게	イカ squid 墨鱼 오징어
タコ octopus 章鱼 문어	ウニ sea urchin 海胆 성게	玉子焼き rolled egg 煎鸡蛋 일본식 계란말이	キュウリ cucumber 黄瓜 오이

ネギトロ巻き
negitoro roll (chopped tuna and leeks)
香葱金枪鱼卷
네기토로마끼 (다진 참치 뱃살 위에 파를 얹은 김초밥)

納豆
natto (fermented beans)
纳豆
낫토 (삶은 메주콩을 볏집 꾸러미 등에 넣고 발효시킨 일본 전통 식품)

調味料 »	塩 salt 盐 소금	コショウ pepper 胡椒 후추	しょう油 soy sauce 酱油 간장

七味唐辛子
seasoned chili pepper
七香粉
시치미토가라시 (줄여서 시치미라고 한다. 고춧가루를 비롯한 7가지 재료를 섞어 가루로 만든 향신료)

酢 vinegar 醋 식초	味噌 miso 黄酱 된장	砂糖 sugar 白糖 설탕	ケチャップ ketchup 番茄酱 케첩
ウスターソース Worcestershire sauce 辣酱油 우스터소스		からし Japanese mustard 黄芥末 겨자	
マヨネーズ mayonnaise 蛋黄酱 마요네즈	わさび wasabi 绿芥末 와사비 (고추냉이)		わさびぬき without wasabi 不要芥末 와사비 뺀 것
味などの表現 >>	甘い sweet 甜 달다	すっぱい sour 酸 시다	辛い hot / spicy 辣 맵다
塩辛い salty 咸 짜다	硬い firm 硬 딱딱하다 / 질기다	柔らかい tender 软 부드럽다 / 연하다	熱い hot 烫 뜨겁다

宿泊（館内） | 簡単フレーズ

部屋にご案内いたします。

中 我 送 您 去 房间。
ウォー ソン ニン チュー ファンジェン

韓 안내해 드리겠습니다.
アンネヘ トゥリゲッスムニダ

英 I will show you to your room.
アイ ウィル ショウ ユー トゥ ユア ルーム

（荷物を）お持ちいたしましょう。

中 我 来 拿。
ウォー ライ ナー

韓 들어 드리겠습니다.
トゥロ トゥリゲッスムニダ

英 May I take your bags?
メイ アイ テイク ユア バッグズ?

足元にお気を付けください。

中 注意 脚下。
ジューイー ジャオシア

韓 발 조심하세요.
パル チョシマセヨ

英 Please watch your step.
プリーズ ウォッチ ユア ステップ

中国からのお客様は、お土産などでたいてい荷物が多いのが特徴。お出迎えの際には、運搬に手を貸してあげると喜ばれます。

こちらがルームキーです。

中 这是房间钥匙。
ジョー シー ファンジエン ヤオシ

韓 여기 방열쇠입니다.
ヨギ パンヨルシウェイムニダ

英 This is the key to your room.
ディス イズ ザ キー トゥ ユア ルーム

ごゆっくりお過ごしください。

中 请休息。
チン シウシ

韓 편하게 쉬세요.
ピョナゲ シウィセヨ

英 Enjoy your stay.
エンジョイ ユア ステイ

チェックアウトでしょうか？

中 您要退房吗？
ニン ヤオ トゥイファン マ？

韓 체크아웃하시겠습니까？
チェクアウッ ハシゲッスムニカ？

英 Checking out?
チェッキング アウト？

宿泊（館内） 指さしフレーズ

ご予約いただいておりますでしょうか。
- 中 您预约了吗？
- 韓 예약하셨습니까？
- 英 Do you have a reservation?

パスポートを拝見できますか。
- 中 能给我看一下护照吗？
- 韓 여권 보여 주시겠습니까？
- 英 May I see your passport?

こちらの宿泊カードにご記入願います。
- 中 请填写住宿卡。
- 韓 이쪽 숙박 카드에 기입을 부탁드립니다.
- 英 Please fill in this registration form.

ルームキーをご返却いだけますでしょうか。
- 中 请退还房间钥匙。
- 韓 방 열쇠를 반납해 주시겠습니까？
- 英 May I have the room key back?

案内表示

歓迎　　　　　　御一行様
Welcome Mr. (Ms.) _____ and guests
欢迎_____一行光临
환영 _____ 일행

こちらで靴をお脱ぎください。
Please take off your shoes here.
请把鞋脱在这里。
이쪽에서 신발을 벗어 주세요.

館内ではスリッパをお使いください。
Please use slippers inside the building.
馆内请穿拖鞋。
실내에서는 슬리퍼를 신어 주세요.

宿泊料は一人あたりの料金です。
Accommodation rate based on one person.
住宿费按人计算。
숙박료는 일인당 요금입니다.

宿泊料金には消費税（5%）とサービス料（_____%）が加算されます。
Sales tax (5%) and a service fee (_____%) are added to the accommodation fee.
住宿费加（5%）消费税和（_____%）的服务费。
숙박 요금에는 소비세 (5%) 와 서비스료 (_____%) 가 가산됩니다.

法律により、一泊＿＿＿＿円の入湯税がかかります。
A bath tax of ＿＿＿＿ yen per night is required by law.
法律规定，住一宿要付＿＿＿＿日元的沐浴税。
법률에 의해 1박에 ＿＿＿＿ 엔 입욕세가 듭니다.

料金は前払いでお願いいたします。
Please pay in advance.
费用要预付。
요금은 선불로 부탁드립니다.

料金はチェックアウト時にお支払いください。
Please pay when checking out.
费用在退房时支付。
요금은 체크아웃하실 때 지불해 주세요.

チェックアウトのお時間は＿＿＿＿時となります。
Check-out time is ＿＿＿＿.
退房时间是＿＿＿＿点。
체크아웃 시간은 ＿＿＿＿ 시입니다.

お食事はお部屋にお持ちいたします。
Meals are delivered to your room(s).
请在房间用餐，我们会送餐的。
식사는 방으로 가져다 드리겠습니다.

お食事の場所は大広間となります。
Meals are served in the main dining room.

请在大厅里用餐。

식사 장소는 큰 홀입니다.

朝食（夕食）のお時間は＿＿＿時から＿＿＿時までです。
Breakfast (Dinner) is from ＿＿＿ to ＿＿＿.

早餐（晚餐）时间是＿＿＿点到＿＿＿点。

아침 식사(저녁 식사) 시간은 ＿＿＿시부터 ＿＿＿시까지입니다.

入浴のお時間は＿＿＿時から＿＿＿時までです。
The bath is available from ＿＿＿ to ＿＿＿.

入浴时间是＿＿＿点到＿＿＿点。

입욕 시간은 ＿＿＿시부터 ＿＿＿시까지입니다.

当旅館には両替所はございません。
Sorry, we cannot exchange foreign currency.

本旅馆没有外汇兑换处。

저희 여관에는 환전하는 곳은 없습니다.

ご自由にお持ちください。（パンフレットなど）
Free

免费取阅。

필요하신 분 가져 가세요.

宿泊（館内） 関連単語

チェックイン check-in 入住 체크인	チェックアウト check-out 退房 체크아웃	領収書 receipt 收据 영수증
明細書 account statement / bill 明细表 명세서	____泊 ____ nights ____宿 ____박	

____階
1st floor（1階）/ 2nd floor（2階）/ ____th floor（4階以上の階）*
____楼
____층

ルームキー room key 房间钥匙 방 열쇠	朝食券 breakfast voucher 早餐券 아침 식사권	朝食 breakfast 早餐 아침 식사
夕食 dinner 晚餐 저녁 식사	*1st floor（1階）、2nd floor（2階）、3rd floor（3階）、4th floor（4階）…というのはアメリカ式の言い方。イギリス式ではground floor（1階）、1st floor（2階）、2nd floor（3階）となるので注意が必要です。	

部屋タイプ >>	シングルルーム single room 単人房 싱글룸	ダブルルーム double room 大床房 더블룸
ツインルーム twin room 双人房 트윈룸	洋室 Western-style room 西式房間 침대방	和室 Japanese-style room 日式房間 일본식 방
館内施設・ 設備 >>	ラウンジ lounge 休息室 라운지	ロビー lobby 前厅 로비
フロント front desk 总台 프런트	喫茶店 café 咖啡厅 찻집	大浴場 public bath 大浴场 대욕탕
家族風呂 family bath 家庭澡堂 가족탕	大広間 grand hall 大厅 큰 홀	レストラン restaurant 餐厅 레스토랑

トイレ toilet 洗手间 화장실	庭園 garden 庭园 정원	売店 shop 小卖店 매점
エレベーター elevator 电梯 엘리베이터	階段 stairs 楼梯 계단	自動販売機 vending machine 自动售货机 자동판매기
ビジネスセンター business center 商务中心 비지니스 센터	パソコン personal computer 电脑 컴퓨터	ファクス fax machine 传真 팩스
公衆電話 pay phone 公用电话 공중전화	喫煙所 smoking area 吸烟处 흡연실	周辺地図 map of nearby area 周围地图 주변 지도
_____駅時刻表 timetable for _____ Station _____车站时刻表 _____역 시각표		レンタサイクル bicycle rental 租赁自行车 자전거 렌털

知っておきたい海外事情　中国人の縁起かつぎ①　〜数字と色〜

好まれる数字、嫌われる数字

日本では「4」「9」といった数字が嫌われることがありますが、中国にも同様に好まれる数字と嫌われる数字があります。

4（スー）	「死」（スー）と発音が近いため、縁起が悪いとされます。
6（リウ）	福、幸せといった意味の「禄」（ルー）に発音が近いため好まれます。
8（バー）	「发财（発財）」（お金持ちになる）、「发展（発展）」の「发（発）」（ファー）に音が近いため、大変縁起がよいとされる数字で、車のナンバープレートや電話番号などに好んで使われます。
9（ジウ）	時間が長いことを表す「久」（ジウ）と発音が同じなので、縁起がよいとされます。
13（シーサン）	中国では地方によって、「十三点」（シーサンディエン）が「ばか、まぬけ」という意味の悪口として使われることがあります。

白黒はお葬式の色

中国では、お葬式には白い服を着て、白い菊やユリなどの花を飾ります。白い胡蝶蘭は日本では高級な花として贈答用にもよく用いられますが、中国人にはお葬式を連想させるので人気がありません。中国人のお客様の部屋に飾るのは避けたほうがよいでしょう。

また、日本のホテルやレストランなどでは黒いプレートに白い文字の歓迎看板も珍しくありませんが、これも中国ではお葬式を連想させる縁起の悪い配色です。

紅白は日本と同様、縁起のよい色の組み合わせとされ、結婚式やお祝い事に用いられます。歓迎の看板や横断幕は、赤地に白文字で書かれるのが一般的です。

宿泊（客室） 簡単フレーズ

（部屋に入るとき）失礼いたします。

中 对不起。
ドゥイブチー

韓 실례하겠습니다.
シルレハゲッスムニダ

英 Excuse me, may I come in?
エクスキューズ ミー、メイ アイ カム イン?

おやすみなさい。

中 请 休息。
チン シウシ

韓 안녕히 주무세요.
アンニョンヒ チュムセヨ

英 Have a good night.
ハブ ア グッド ナイト

指さしフレーズ

お菓子をどうぞ。
- 中 请品尝点心。
- 韓 과자 드세요.
- 英 Please help yourself to the sweets.

こちらの座布団にお座りください。
- 中 请垫上坐垫。
- 韓 이쪽 방석에 앉으세요.
- 英 Please use this cushion.

座椅子の背もたれによりかかって、足をのばしていただいて結構です。
- 中 可以背靠椅背，伸直双腿。
- 韓 좌식 의자 등받이에 기대고 다리를 뻗으셔도 괜찮습니다.
- 英 You can relax against the backrest of the floor chair and stretch out your legs.

布団は夕食後に係の者がお敷きいたします。

中 晚饭后，我们会来铺被子的。
韓 이불은 저녁 식사 후에 객실 담당이 깔아 드립니다.
英 Our staff will come and prepare the futons after dinner.

チップはご辞退申し上げております。

中 对不起，我们不收小费。
韓 팁은 안 주셔도 됩니다.
英 Thank you, but we don't accept tips.

椅子と机をご用意することもできます。

中 可以准备桌椅。
韓 의자와 책상을 준비해 드릴 수 있습니다.
英 We can provide you with a chair and a desk if you need them.

浴衣の着付けをお手伝いいたしましょうか？

中 我帮您穿浴衣吧。
韓 유카타 입는 것을 도와 드릴까요?
英 Would you like help with your yukata?

案内表示

| 部屋 » | どうぞごゆっくりお過ごしください。
Enjoy your stay.
请休息。
편하게 쉬세요. |

当旅館をご利用いただきありがとうございます。
Thank you for staying at our ryokan.
谢谢光临。
저희 여관을 이용해 주셔서 감사합니다.

なにかございましたらフロント＿＿＿番までお申し付けください。
If you have any requests or problems, please feel free to call the Front Desk at ＿＿＿.
有事请拨打总台，号码为＿＿＿。
용건이 있으시면 프런트 ＿＿＿번으로 연락하세요.

スリッパはこちらでお脱ぎください。
Please take off your slippers here.
请把拖鞋脱在这里。
슬리퍼는 이쪽에서 벗으세요.

日本の電圧は 100 Vです。
Power outlets in Japan are 100V.
日本的电压是 100V。
일본의 전압은 100V 입니다.

水道水は安心してお飲みいただけます。
Tap water is fit for drinking.
自来水可以放心饮用。
수돗물은 안심하고 드실 수 있습니다.

布団の上げ下げの際に従業員がお部屋に出入りさせていただきます。
Our staff will come into your room to place and remove the futons.
在铺叠被子时，工作人员会进出您的房间。
이불을 깔고 갤 때는 종업원이 방에 들어갑니다.

備品はお持ち帰りにならないようお願いいたします。
Please do not take any equipment from the room.
不要带走房间的备用品。
비품은 가지고 가지 마세요.

電話・インターネット	»	フロントは＿＿＿番です。 Front Desk is at ＿＿＿. 总台拨＿＿＿号。 프런트는 ＿＿＿번입니다.

ほかの客室にお電話する場合は、部屋番号を押してください。
Press the room number to call another guest room.
房间之间的通话，请直接拨打房号。
다른 객실에 전화하실 때는 방 번호를 눌러 주세요.

市内・市外電話は最初に＿＿＿番を押してください。
Press ＿＿＿ before the phone number to make an outside call.
市内、市外通话，请先拨＿＿＿号。
시내・시외 전화는 처음에 ＿＿＿ 번을 눌러 주세요.

国際電話がかけられます。
You can also make international calls.
可以拨打国际电话。
국제전화를 걸 수 있습니다.

国際電話は最初に＿＿＿番を押してください。
To make an international call, press ＿＿＿ first.
国际电话，请先拨＿＿＿号。
국제전화는 처음에 ＿＿＿ 번을 눌러 주세요.

館外への通話は有料となります。
Any outside calls made will be charged.
馆外通话，要收费。
외부로 거시는 전화는 유료입니다.

インターネットは使えません。	インターネットにおつなぎいただけます。
Internet is not available.	Internet is available.
不能上网。	可以上网。
인터넷은 사용할 수 없습니다.	인터넷을 연결할 수 있습니다.

_____階にインターネットができるパソコンがございます。
Computer with Internet access available on the _____ th floor.
请使用_____楼的上网电脑。
_____층에 인터넷이 가능한 컴퓨터가 있습니다.

_____階にビジネスセンターがございます。
Business center available on the _____ th floor.
商务中心在_____楼。
_____층에 비지니스센터가 있습니다.

テレビ 》

中国語／韓国語／英語放送が視聴できます。
Channels in English available.
可以收看汉语电视频道。
한국어 방송을 시청할 수 있습니다.

_____チャンネルは有料放送です。(1時間_____円)
Channel _____ is pay TV. (_____ yen per hour)
_____频道是收费频道。(1小时_____日元)
_____채널은 유료 방송입니다. (1시간_____엔)

冷蔵庫・ミニバー 》

冷蔵庫内の飲み物は有料となっております。
We charge for the beverages in the refrigerator.
冰箱内的饮料费用另计。
냉장고 안의 음료는 유료입니다.

料金はチェックアウト時に精算いたします。
You will be asked to pay when checking out.
费用在退房时结算。
요금은 체크아웃 시 정산하겠습니다.

ランドリーサービス 》

衣服の種類と数量をこちらにご記入ください。
Please write the type(s) of clothing and the number of items of each.
请填写衣服的种类和数量。
옷의 종류와 수량을 이쪽에 기입해 주세요.

服はこちらの袋にお入れください。
Please put the clothes in this bag.
请把衣服放入洗衣袋内。
옷은 이쪽 봉투에 넣어 주세요.

浴衣 »

こちらは日本の浴衣です。ご自由にお使いください。
These are yukatas. Please feel free to use them.
请用日式浴衣。
이것은 일본의 유카타입니다. 편하게 사용하세요.

部屋着、寝間着としてお使いいただけます。
A yukata can be used as indoor wear and sleepwear.
可以当睡衣或室内便服穿。
실내복, 잠옷으로 이용하실 수 있습니다.

男性用浴衣
Men's yukata
男浴衣
남성용 유카타

女性用浴衣
Women's yukata
女浴衣
여성용 유카타

安全・防犯

お休みの際は内鍵をおかけください。
Please lock the door from the inside when you go to sleep.
休息时，请反锁房门。
주무실 때는 안쪽 열쇠를 잠그세요.

外出の際には鍵をおかけください。
Please lock the door when you leave your room.
外出时，请锁房门。
외출하실 때는 열쇠를 잠그세요.

外出時にはルームキーをフロントにお預けください。
Please leave the room key at the Front Desk when you go out.
外出时，请把钥匙交给总台保管。
외출하실 때는 방 열쇠를 프런트에 맡겨 주세요.

貴重品は室内のセキュリティーボックスをご利用ください。
Please use the safe in your room to store your valuables.
请把贵重物品放入客房内的保险箱。
귀중품은 실내의 안전 금고를 이용해 주세요.

貴重品はフロントでお預かりしております。
You can leave your valuables at the Front Desk.
请把贵重物品交给总台存放。
귀중품은 프런트에서 보관해 드립니다.

客室内での貴重品の事故につきましては責任を負いかねますのでご了承ください。
We are not responsible for any loss of or damage to your valuables in the guest rooms.
贵重物品在客房内发生的意外，概不负责。请谅解。
객실 내에서의 귀중품 분실 사고에 관해서는 책임질 수 없음을 양해 부탁드립니다.

寝ながらのおタバコはご遠慮ください。
Please do not smoke in bed.
不要躺着抽烟。
누워서 담배를 피우지 마세요.

おタバコは喫煙所でお願いいたします。
Please use the smoking areas when smoking.
请在抽烟处抽烟。
담배는 흡연 장소에서 피우세요.

関連単語 | 宿泊（客室）

畳 tatami mat 榻榻米 다다미	座椅子 floor chair 无腿靠椅 좌식 의자	座布団 cushion 坐垫 방석
まくら pillow 枕头 베개	掛け布団 comforter 被子 이불	敷布団 mattress 垫被 요
シーツ sheet 被单 시트	浴衣 yukata 浴衣 유카타	帯 obi belt 带子 허리에 두르는 띠

丹前（浴衣の上に着る綿入れ）
tanzen (padded kimono to wear over the yukata)
（套在和服外面穿的）宽袖棉袍
단젠（유카타 위에 입는 솜을 넣은 겉옷）

タオル towel 毛巾 수건	歯ブラシ toothbrush 牙刷 칫솔	歯磨き粉 toothpaste 牙膏 치약

かみそり razor 剃须刀 면도기	**トイレットペーパー** toilet paper 手纸 화장실 휴지	**スリッパ** slippers 拖鞋 슬리퍼
電話 telephone 电话 전화	**テレビ** TV 电视 텔레비전	**リモコン** remote controller 遥控器 리모콘
エアコン air conditioner 空调 에어컨	**グラス** glass 玻璃杯 컵	
せん抜き bottle opener（びん）, corkscrew（コルク栓） 起子 병따개		**冷蔵庫** refrigerator 冰箱 냉장고
灰皿 ashtray 烟灰缸 재떨이	**クローゼット** closet 衣柜 옷장	**コンセント** electric outlet 插座 콘센트

セキュリティーボックス safe 保险箱 안전 금고, 귀중품 보관함		火事 fire 火灾 화재
地震 earthquake 地震 지진	避難経路 evacuation route 避难路线图 피난경로	火災報知機 fire alarm 火灾报警器 화재 경보기
非常口 emergency exit 太平门 비상구	消火器 fire extinguisher 灭火器 소화기	

宿泊（トイレ） | 案内表示

いつも綺麗にお使いいただきありがとうございます。
Thank you for leaving the toilet clean.
谢谢清洁使用！
항상 깨끗하게 사용해 주셔서 감사합니다.

清掃中です。しばらくお待ちください。
The toilet is being cleaned. Please wait.
正在清扫中，请稍侯。
청소중입니다. 잠시만 기다려 주세요.

手をかざすと水が流れます。
Hold your hand over the sensor to flush.
感应式自动冲水。
손을 대면 물이 내려갑니다.

立ち上がると自動で水が流れます。
When you stand up, the toilet will automatically flush.
起身后，自动冲水。
일어서면 자동으로 물이 내려갑니다.

レバーを押すと水が流れます。 Push the lever down to flush. 按把手冲水。 레버를 누르면 물이 내려갑니다.	使った後は水を流しましょう。 Flush after use. 使用后，请冲水！ 사용 후에는 물을 내립시다.

中国では使用後のトイレットペーパーをくずかごに捨てる習慣があるため、水で流すよう案内表示をしたほうが親切です。

使用したトイレットペーパーはお流しください。
Flush used toilet paper.
手纸请扔入便器内,并冲水。
사용한 화장실 휴지는 변기에 넣어서 내려 주세요.

トイレットペーパー以外は流さないでください。
Do not flush anything other than toilet paper.
除手纸以外,不得将其他东西扔入便器内。
화장실 휴지 이외에는 변기에 넣지 마세요.

生理用品は紙に包んで捨てましょう。
Wrap used sanitary pads in paper before disposing of them.
生理用品要用纸包裹好后再扔。
생리용품은 종이에 싸서 버립시다.

備え付けのスリッパをご使用ください。
Use the slippers provided.
请使用洗手间的专用拖鞋。
비치된 슬리퍼를 사용해 주세요.

フードのある側に向かってしゃがんでください。
Squat down astride the toilet bowl facing the hood.
请面朝蹲便器的拱形方向。
뚜껑이 있는 쪽을 향해서 앉아 주세요.

宿泊（トイレ） 関連単語

和式トイレ Japanese-style toilet 日式厕所 좌변기	洋式トイレ Western-style toilet 洋式厕所 양변기	便器 toilet bowl 坐便器 / 马桶 변기
便座 toilet seat 坐便盖 양변기의 앉는 자리	くずかご wastebasket 废纸篓 휴지통	トイレットペーパー toilet paper 手纸 화장실 휴지
ハンドソープ hand soap 洗手液 손 씻는 비누	ペーパータオル paper towel 纸手巾 종이 수건	ハンドドライヤー hand dryer 干手器 핸드 드라이어

自動水栓（手をかざすと水が出る蛇口）
automatic faucet (hold your hand under the faucet and the water will start running automatically)
自动出水（手放在水龙头前，会自动出水）
자동 수도꼭지 (손을 대면 물이 나오는 수도꼭지)

温水洗浄便座 (ボタンの説明) »	温水洗浄便座 Toilet seat with warm water cleansing 温水洁净式坐便器 온수세정변좌	
おしり洗浄 Rear cleansing 臀部清洗 엉덩이 세정	ビデ洗浄 Front cleansing / bidet 女性下身清洗 비데 세정	
温風乾燥 Dryer 温风烘干 온풍건조	ムーブ 入／切 Move ON / OFF 前后摆动清洗 开／关 무브 동작 / 중지	
洗浄位置 Wash position 清洗位置 세정 위치	止 STOP 停止 정지	

温泉・大浴場 案内表示

男湯
Men's Bath
男浴池
남탕

女湯
Ladies' Bath
女浴池
여탕

露天風呂
Outdoor Bath
露天浴池
노천탕

家族風呂
Family Bath
家族用浴池
가족탕

家族風呂は予約制となっております。
Reservation required for Family Bath.
家族用浴池要预约。
가족탕은 예약제입니다.

___時～___時まで男湯です。
Men's bath time is from ___ to ___.
___点～___点是男浴池。
___시～___시까지 남탕입니다.

___時～___時まで女湯です。
Ladies' bath time is from ___ to ___.
___点～___点是女浴池。
___시～___시까지 여탕입니다.

浴室にはフェイスタオルだけお持ちください。
Please bring only a face towel into the bathing area.
入浴时，请带好洗脸毛巾。
욕실에는 얼굴 닦는 수건만 가지고 가십시오.

日本独特のルールがある温泉や大浴場を、外国人のお客様にも楽しんでいただくため、巻末にあるイラスト入りの利用案内をご活用ください。

浴室内は声が響きますのでお静かに願います。
Please keep your voice low, as it will echo in the bathing area.
浴池内有回声，请安静。
욕실 내에서는 소리가 울리므로 조용히 해 주세요.

すべりやすいので足元にご注意ください。
Slippery: Watch your step.
脚下注意，小心滑倒。
미끄러지기 쉬우므로 발을 조심하세요.

貴重品にご注意ください。
Please look after your valuables.
请保管好贵重物品。
귀중품을 조심하세요.

湯船にタオルをつけないようにお願いいたします。
Please keep the towels out of the bath water.
请不要把毛巾浸泡在浴池里。
탕에 수건을 넣지 마세요.

湯船のなかで身体を洗わないようにお願いいたします。
Please do not wash your body in the bath.
请不要在浴池内洗身体。
탕 안에서 몸을 씻지 마세요.

温泉・大浴場 関連単語

フェイスタオル face towel 洗脸毛巾 얼굴 닦는 수건	バスタオル bath towel 浴巾 몸 닦는 수건	シャンプー shampoo 香波／洗发剂 샴푸
リンス conditioner 润丝／护发素 린스	ボディシャンプー body wash 沐浴露 보디 샴푸	石けん soap 肥皂 비누
かみそり razor 剃刀 면도기	洗面器 washbowl 脸盆 세숫대야	マッサージチェア massage chair 按摩椅 안마 의자
湯船 bath 浴缸 탕／욕조	シャワー shower 淋浴 샤워	天然温泉 natural hot spring 天然温泉 천연 온천
足湯 foot bath 泡脚 족탕	効能 This hot spring may help with the following: 功能 효능	

美肌 beautiful skin 美丽肌肤 피부미용	肩こり stiffness of neck and shoulder 肩酸 어깨 결림	
腰痛 back pain 腰疼 요통	神経痛 neuralgia 神经痛 신경통	ストレス stress 精神压力 스트레스
不眠症 sleeplessness 失眠症 불면증	冷え性 poor circulation 寒症 냉증	皮膚病 skin disorders 皮肤病 피부병
貧血 anemia 贫血 빈혈	糖尿病 diabetes 糖尿病 당뇨병	胃腸病 gastrointestinal disorders 肠胃病 위장병

トラブル | 簡単フレーズ

どうかされましたか?

中 您 怎么 了?
ニン ゼンマ ラ?

韓 무슨 일이세요?
ムスン イリセヨ?

英 Is something the matter?
イズ サムシング ザ マター?

知っておきたい海外事情　中国人の縁起かつぎ②　～贈り物～

　置き時計や掛け時計など、腕時計以外の時計のことを中国語では「钟（鐘）」（ジョン）といいます。時計を贈ることは中国語で「送钟」（ソンジョン）といい、これは「死をみとる」という意味の「送终」（ソンジョン）と発音が同じであるため、時計を人にプレゼントすることは縁起が悪いとされています。

　また、傘を贈ることも縁起が悪いとされます。これは、「伞（傘）」（サン）という語が「ちりぢり、ばらばらになる」という意味の「散」（サン）という語と発音が同じだからだといわれています。

　ほかには、別れるという意味の「离（離）」（リー）と発音が同じなので果物の「梨」（リー）を贈ることは避ける、などということもあるようです。

指さしフレーズ

具合が悪いのですか？
- 中 身体不舒服吗？
- 韓 몸이 안 좋으세요?
- 英 Are you not feeling well?

何かお困りですか？
- 中 有什么为难的事吗？
- 韓 무엇을 도와드릴까요?
- 英 Can I help you with something?

落ち着いてください。
- 中 请别紧张。
- 韓 진정하세요.
- 英 Please stay calm.

トラブル 関連単語

紛失	盗難	忘れ物
loss	theft	lost item
遗失	失窃	遗失物
분실	도난	잃어버린 물건

パスポート	財布	航空券
passport	wallet	plane ticket
护照	钱包	机票
여권	지갑	항공권

カメラ	荷物	かばん
camera	luggage	bag
照相机	行李	提包／旅行包
카메라	짐	가방

警察	大使館	医者
police	embassy	doctor
警察	大使馆	医生／大夫
경찰	대사관	의사

病院	血液型	薬
hospital	blood type	medicine
医院	血型	药
병원	혈액형	약

注射 injection 打针 주사	点滴 IV 点滴 링거	マスク mask 口罩 마스크
体温計 thermometer 体温计 체온계	ばんそうこう Band-Aid 橡皮膏 반창고	病名など ≫
病気 illness 病 병	けが injury 受伤 다침 / 부상	症状 symptoms 病情 병의 증상
気分が悪い feeling sick 身体不舒服 속이 안 좋다 / 메슥거리다		吐き気 queasiness 恶心 구역질
寒気 chills 发冷 한기	熱 fever 发烧 열	風邪 cold 感冒 감기

インフルエンザ influenza / flu 流行性感冒 독감	歯痛 toothache 牙疼 치통	頭痛 headache 头疼 두통
下痢 diarrhea 拉肚子／腹泻 설사	骨折 broken bone 骨折 골절	ねんざ sprain 扭伤 염좌 / 삠
妊娠 pregnancy 怀孕 임신	アレルギー allergy 过敏 알레르기	身体の部位 》
頭 head 头 머리	首 neck 脖子 목	手 hand 手 손
足 leg (脚), feet/foot (足首以下の両足／片足) 脚 다리 (脚), 발 (足首以下の足)		胸 chest 胸部 가슴

腰 hip 腰 허리	背中 back 后背 등	おなか stomach 肚子 배
目 eye/eyes（片目／両目） 眼睛 눈	耳 ear/ears（片耳／両耳） 耳朵 귀	鼻 nose 鼻子 코
歯 tooth/teeth（単数／複数） 牙齿 이		のど throat 喉咙 목
胃 stomach 胃 위	心臓 heart 心脏 심장	

外国人旅行者がよく使うフレーズ

〜はどこですか？

　場所をたずねるときに使う「〜はどこですか？」という表現をご紹介します。「在」は「〜にいる、ある」という語で、「在哪儿」で「どこですか」という意味になります。「哪儿」（ナー）を低めに言うのがポイント。

〜はどこですか？

中 ＿＿＿在哪儿？
　　　ザイ　ナー？

韓 ＿＿＿은 / 는 어디예요？
　　　ウン／ヌン　オディイェヨ？

英 Where is ＿＿＿？
　　　フェア　イズ

　例として、トイレの場所を聞くときの表現を見てみましょう。韓国語は「〜」に入る言葉によって「は」にあたる助詞が変わります。また、前後の単語をつなげて読む際に、発音が変化する場合もあります。
　英語の「トイレ」にはさまざまな言い方があり、ここでは代表的なものを挙げました。

トイレはどこですか？

中 厕所 在 哪儿？
　　ツァースオ　ザイ　ナー？

韓 화장실은 어디예요？
　　ファジャンシルン　オディイェヨ？

英 Where is the toilet / lavatory / restroom?
　　フェア　イズ　ザ　トイレット／ラバトリー／レストルーム？

編者紹介

莫邦富事務所

莫　邦富 (モー・バンフ)
作家・ジャーナリスト。1953年中国・上海生まれ。上海外国語大学卒業後、同大学講師を経て、1985年に来日。知日派ジャーナリストとして、政治経済から社会文化に至る幅広い分野で発言を続け、「新華僑」や「蛇頭（スネークヘッド）」といった新語を日本に定着させた。

『蛇頭』（新潮社）、『中国全省を読む地図』（新潮社）、翻訳書『ノーと言える中国』（日本経済新聞社）がベストセラーとなり、話題作には『日本企業がなぜ中国に敗れるのか』（新潮社）、『これは私が愛した日本なのか』（岩波書店）、『新華僑』（河出書房新社）などがある。最新刊は『鯛と羊～日本と中国、食から見る文化の醍醐味』（海竜社）。現在、朝日新聞be（土曜版）にて「mo@china」を連載中。

廣江　祥子 (ヒロエ・サチコ)
早稲田大学第一文学部卒。『新・中国語講座』（日本通信教育連盟）の主要執筆者。共著・共訳書に『上海新天地』（海竜社）、『上海メモラビリア』（草思社）、『毛沢東夫人江青の真実』（海竜社）などがある。

楼　志娟 (ロウ・シケン)
上海外国語大学卒。『中国ビジネス必携　中国語ミニフレーズ』（ジャパンタイムズ）、『24のコツで中国語がびっくりするほど身につく本』（あさ出版）、『新・中国語講座』（日本通信教育連盟）などの著書・共著がある。

とっさの接客フレーズブック　中国語・韓国語・英語

2009年8月20日　初版発行

編　者	莫邦富事務所＆ジャパンタイムズ
	©Mo Bangfu Office, 2009
発行者	小笠原 敏晶
発行所	株式会社 ジャパンタイムズ
	〒108-0023 東京都港区芝浦4-5-4
	電話　（03）3453-2013 ［出版営業部］
	振替口座　00190-6-64848
	ウェブサイト　http://bookclub.japantimes.co.jp
印刷所	株式会社シナノ パブリッシング プレス

本書の内容に関するお問い合わせは、上記ウェブサイトまたは郵便でお受けいたします。

定価はカバーに表示してあります。
万一、乱丁落丁のある場合は、送料当社負担でお取り替えいたします。
ジャパンタイムズ出版営業部あてにお送りください。
Printed in Japan　ISBN978-4-7890-1360-4

いらっしゃいませ!

Welcome!

欢迎光临! / 歡迎光臨!

어서오세요!

店内は禁煙です。

No smoking.

店内禁烟。 / 店内禁煙。

매장 내에서는 금연입니다.

店内でのご飲食はご遠慮ください。
店内での撮影はご遠慮ください。

Please do not eat or drink in the store.
Please no photography.

请不要在店内餐饮。／請不要在店內餐飲。
请不要在店内摄影。／請不要在店內攝影。

매장 내에서 음식을 드시는 것은 삼가 주세요.
매장 안에서의 촬영은 삼가 바랍니다.

パッケージを開封しないようお願いします。

Please do not open packages.

请勿打开包装。 / 請勿打開包裝。

패키지를 개봉하지 마세요.

こちらで靴をお脱ぎください。

Please take off your shoes here.

请把鞋脱在这里。／請把鞋脫在這裡。

이쪽에서 신발을 벗어 주세요.

歡迎 ———— 御一行様

Welcome Mr. (Ms.) ———— **and guests** ————

一行光临/歡迎 ———— **一行光臨** ————

欢迎 ————

환영 ———— **일행** ————

当旅館をご利用いただきましてありがとうございます。
どうぞごゆっくりお過ごしください。

Thank you for staying at our ryokan. Enjoy your stay.

谢谢光临。请休息。 / 謝謝光臨。請休息。

저희 여관을 이용해 주셔서 감사합니다. 편하게 쉬세요.

特別付録

外国人のお客様から、タクシーでどちらかに出かけたいというご要望があったときに、このカードに行き先を書き、カードを切り離して渡してあげるとよいでしょう。旅館（ホテル）に戻ってくるときのために、宿泊旅館名を書いたカードも一緒に渡してあげるさらに親切です。

　　　　　　までお願いします。

　　　　　　までお願いします。

　　　　　　までお願いします。

　　　　　　までお願いします。

この紙をタクシーの運転手にお渡しください。

Please give this note to the taxi driver.

请把这张纸条交给出租车司机。

이 종이를 택시 기사분께 드리세요.